JN296252

世帯内分配と
世代間移転の経済分析

チャールズ・ユウジ・ホリオカ
財団法人家計経済研究所 編

ミネルヴァ書房

はしがき

　本書は，財団法人家計経済研究所の『世帯内分配・世代間移転に関する研究』プロジェクトの成果をまとめたものである．

　本プロジェクトでは，「世帯内（intra-household）」「世代間（intergenerational）」という2つの側面をもって，近年複雑化する家族内の経済的関係を捉えることを目的としている．

　日本において，夫が主稼得者で，妻・子どもが被扶養者であるという家族像が大多数を占める時代は過ぎ去り，いままで周辺労働として扱われてきた妻の就業率が増大し，家計の厚生を考えるうえで重要な影響をもつようになってきた．世帯内における1人の代表者だけを考慮すればよいとする既存の分析枠組みでは，十分に拾い上げることができない家計行動が増えてきているため，世帯内の交渉関係も視野に入れた分析枠組みをもって，研究する必要がある．

　また，少子高齢社会となり，年齢別人口構成のバランスが崩れたことで，既存の社会保障制度の維持が難しい状況となっている．年金，医療保険，介護保険などさまざまな制度の見直しが迫られており，少なからず，それは家計に負担が求められるかたちで行われることが予想される．そうした状況において，世代間移転がどのように変化しているのかを省察する意義がある．さらに，近年注目されている「所得格差」の問題を扱ううえでも，世代間移転がどのような要因に規定されているのかを検証することは，非常に重要な示唆を与えると思われる．

　本研究プロジェクトでは，上記の問題について考察すべく，独自の調査票を作成し，全国の30歳～59歳の有配偶女性（2,418名）を対象にアンケート調査を行った．このアンケート調査結果に基づいた分析結果は，第Ⅰ部「世帯内分配に関する分析」（第1～3章）と第Ⅱ部「世代間移転に関する分析」（第4～5章）の2部にまとめられている．

　第Ⅰ部では，主に世帯構成員間の交渉を左右する要因（夫婦間の所得比，学

歴，親の収入・生活水準など）が，消費配分行動に与える影響に関する分析を行っている．さらに，消費のリスクシェアリングのモデルを通して，日本の世帯行動を分析する場合，Unitary Model, Collective Model のいずれが妥当かについても検討している．

　第Ⅱ部では，世代間移転として，人的資本への投資，生前贈与・遺産の２つの所得移転について注目している．前者では，詳細な回顧質問項目を活用し，教育を通じた子どもへの所得移転について論じている．後者では，遺産動機・遺産の分配方法と子の援助方法の現状を精査し，世代間移転が何によって規定されているかについて検証している．

　本書の執筆にあたり，多くの方々にお世話になった．まず，本研究プロジェクトの企画・実施・資金的援助をしてくださった財団法人家計経済研究所（会長：塩野谷祐一），特に事務局としてご尽力くださった坂本和靖研究員に感謝の意を表したい．また，上記アンケート調査にご協力下さった回答者の皆様，調査の実施・運営にご尽力下さった社団法人輿論科学協会に感謝申し上げたい．膨大な調査項目に答えて下さった回答者の皆様の協力なくしては，本書を上梓することができなかった．さらに，プロジェクトメンバー全員，特に調査票設計の段階から参加し，各メンバーの研究成果に対して，建設的なコメントを下さった村田啓子氏（内閣府）にも感謝申し上げる．最後に，本書の出版にあたってお世話いただいたミネルヴァ書房編集部の水野安奈氏にお礼申し上げたい．

2008 年 10 月

『世帯内分配・世代間移転に関する研究』
プロジェクト主査　チャールズ・ユウジ・ホリオカ

世帯内分配と世代間移転の経済分析

目　次

はしがき

序　章　『世帯内分配・世代間移転に関する研究』調査の目的と方法
　　　　　………………………………………………坂本和靖……3
　　1．本書の目的　3
　　2．本書の概要　4
　　3．調査の特徴と実施方法　7
　　4．回収状況　9
　　5．大規模調査との比較　9

第Ⅰ部　世帯内分配に関する分析

　第1章　世帯内における消費・余暇配分の構造…………坂本和靖……21
　　1．はじめに――共働き世帯の増加　21
　　2．Collective Model による先行研究　22
　　3．共働き世帯における生活時間・個人消費の夫婦格差　25
　　4．モデル　35
　　5．推計結果　39
　　6．おわりに　44

　第2章　家計内交渉と家計の消費変動………………………小原美紀……48
　　1．はじめに
　　　　――個人にとっての最適行動と家計全体にとっての最適行動　48
　　2．家計内交渉と家計の消費行動に関する実証研究　51
　　3．家計内交渉を考慮した家計の最適消費決定モデル　53

4．家計内交渉と家計の最適消費行動に関する分析データ　57
　　　5．推定結果　61
　　　6．おわりに　70

第3章　日本における世帯内リスクシェアリングの分析
　　　　………………………………………………澤田康幸……73
　　　1．はじめに　73
　　　2．世帯のリスク対処法と保険機能　74
　　　3．世帯内リスクシェアリングの検証　76
　　　4．データと実証結果　78
　　　5．世帯間リスクシェアリング　85
　　　6．おわりに　87

第Ⅱ部　世代間移転に関する分析

第4章　教育を通じた世代間所得移転　………………北條雅一…93
　　　1．はじめに──世代間の所得移転をもたらす教育投資　93
　　　2．子どもの教育水準の決定要因に関する先行研究　96
　　　3．アンケート結果の概観　98
　　　4．子どもの教育水準はどのように決定されるか　103
　　　5．子どもの教育水準の決定要因に関する分析結果　106
　　　6．おわりに──分析結果の要約と政策的含意　114

第5章　日本における遺産動機と親子関係
　　　　──日本人は利己的か，利他的か，王朝的か？
　　　　……………………………チャールズ・ユウジ・ホリオカ……118
　　　1．はじめに　118
　　　2．各理論モデルの遺産動機・遺産の分配方法，子の援助行動に対する含蓄　119
　　　3．遺産動機・遺産の分配方法に関する結果　120

4．遺産動機・遺産の分配方法の親子間の相関　130
　　5．子の援助行動に関する結果　132
　　6．おわりに　134

参考資料　家庭生活に関するアンケート調査　137

あとがき　173

索　引　175

世帯内分配と世代間移転の経済分析

序　章　『世帯内分配・世代間移転に関する研究』調査の目的と方法

坂本　和靖

1.　本書の目的

　本書では,「世帯内分配 (Intra-household Allocation)」「世代間移転 (Inter-generational Transfer)」という2つの側面から,家族内の経済的関係を捉えることを目的としている.

　第一の側面である「世帯内分配」を取り上げた理由は以下の点にある.近年,世帯内における経済的関係は複雑化し,従来の枠組みのように,各世帯を1つの単位として捉えることが難しくなっている.本研究では,世帯内における分配行動と,世帯内における人間関係によって規定される,各個人の経済的行動の把握を目的とし,近年の経済学の枠組みを取り入れ,世帯内の各構成員の交渉過程をも視野に入れた分析を試みる (Chiappori [1988] [1992], Browning, Chiappori and Lechene [2006]).

　最近の実証研究では,所得や社会保障などの給付を「世帯共通」のものとして捉えるのではなく,その所得や社会保障給付は誰が得たものであるかによって,世帯内において分配される消費の内容,各世帯員の労働供給量などに違いが生じる可能性があることが示されている (Haddad, Hoddinott and Alderman, eds. [1997], Bertrand, Mullainathan and Miller [2003], Apps and Rees [2005] など).本書では,新しい経済学の枠組み (Collective Model) について検討しながら,家計の消費,労働供給行動に関する実証分析を試みることとしたい.

　また,第二の側面である「世代間移転」を取り上げた理由は,最近注目されている「所得格差」に対する世代間移転の影響が看過しえないものであり,その移転メカニズムについて考察することは重要であると考えたからである.本

書では，特に，ⅰ）教育を通じた世代間移転とⅱ）相続・贈与を通じた世代間移転を扱っている．前者については，樋口［1994］において，高所得世帯の子どもほど入試難易度の高い大学へ進学しており，かつ入試難易度の高い大学の卒業生ほど良好な就業機会，昇進機会が多いという分析結果が得られている．これは，学校教育を通じた世代間所得移転による階層の固定化問題を示唆している．また後者については，高山・有田［1994］において，保有資産の増大要因として，（60歳未満の年齢階層では）相続・贈与による影響が最も大きいとの結果が示されている．本書では，世代間移転そのものがどのようなメカニズムで行われているのかに焦点をあて，実証研究を行っている．

上記の目的のもと，『世帯内分配・世代間移転に関する研究』調査（以下『世帯内・世代間調査』）を実施した．本書はその調査データの分析結果に基づくものである．なお本書の分析では，データ処理・加工については各章執筆者の判断に委ねている。

2. 本書の概要

本書の構成は，大きく2部に分かれている．第Ⅰ部は「世帯内分配に関する分析」，第Ⅱ部は「世代間移転に関する分析」となっている．前半の第Ⅰ部「世帯内分配に関する分析」は，以下の3章から構成されている．

第1章では，共働き夫婦の消費（「被服・はき物」費，「教養・娯楽・交際」費）と余暇時間の配分について考察している．記述統計量からの分析では，夫がフルタイム就業の場合は，妻の就業形態により，家事・育児時間に違いが表れるが，大きな差はなく，たとえ夫がパート就業，無業であっても，夫の家事・育児時間は，妻の家事・育児時間を超えることはなく，一方で夫の趣味・娯楽時間は，妻の趣味・娯楽時間を超えており，まさにダブル・シフトが強いられている状況にあった．一方，消費配分においては，夫婦の就業形態にかかわらず，妻が相対的に多くの自由裁量消費ができることが確認できた．

さらに，各世帯内におけるHeterogeneity（消費，余暇への選好の多種多様性）を捕捉するべく，Collective Modelを用いて個人の消費と余暇時間の両方を考慮した分析を行った．その結果，休日に限定すれば，世帯内においてBargaining Power をもちうる妻は消費のみならず，余暇時間についてもより多く享受することが確認された．

第2章では，家計内交渉およびそれを取り入れた場合の家計の消費行動に関する近年の先行研究をサーベイし，日本における家計内交渉と消費の平準化行動に関する検証を行った．『世帯内・世代間調査』を用いた分析の結果，家計内構成員の交渉を考慮しても家計は所得ショックに対して消費の変動を抑えることができないことが示される．また，家計内の交渉を左右する変数が家計の消費行動に影響を与えることが示される．

家計内世帯員の異なる行動を考慮したとしても家計は最適な消費行動をとることができないという結果は，別の要因で最適行動が阻害されていることを示唆している．さらに，家計内の交渉を左右するものが家計全体の決定に影響しているという結果は，妻と夫の利得を変えるような環境の変化，例えば既婚女性に不利な社会環境や労働市場の環境，政策変更は家計単位での消費決定に影響することを示している．家計行動を捉えるためには家計内の情報，特に世帯員間の交渉を考慮することが重要である．

第3章では，世帯内でのリスクシェアリングがどの範囲で行われているかを分析し，Unitary Model の検証を行った．分析結果は，所得変動と消費変動には強い相関関係があり，Unitary Model が棄却されることを示している．一方，所得変動が小さい場合には，限られた範囲ではあるもののある程度のリスクシェアリング効果も見られることが分かった．また，世帯間の消費リスクシェアリングについても，そのリスクシェアリング仮説が強く棄却される．さらに，資本市場の不完全性が消費リスクシェアリングの不完全性をもたらす要因の1つであるという実証結果が得られた．世帯内リスクシェアリングのモデルを用いて日本の世帯行動を記述する際に Unitary Model が妥当であるのかあるいは Collective Model が適しているのかを識別することは，個人のみならず世帯が直面するさまざまな所得のリスクをどのように削減し，望ましい社会的なセーフティネットを政府が設計するうえで，重要な政策的示唆を与える．我々の実証結果は，所得や社会保障の給付が世帯内のどのメンバーに帰属するかに応じ

て，世帯内の消費への配分が強く影響されるということを示しており，政策のターゲットとなる個人を特定したうえで，そのターゲットに対する直接的な支援が可能となるような政策の設計を行っていくことが不可欠であることを示唆している．

後半の第Ⅱ部「世代間移転に関する分析」は，以下の2章から構成されている．

第4章では，教育を通じた親から子どもへの世代間所得移転について，アンケート調査をもとに実証分析を行った．本章の特色は，子どもが通った学校の設置者（国公立・私立）を区別し，私立学校に通うことが子どもの最終学歴に及ぼす影響を分析している点である．実証分析の結果，一人っ子の子どもはきょうだいがいる子どもに比べて大学進学確率が高くなること，兄の存在が大学進学確率を低下させること，私立学校に通うことによる大学進学確率の上昇効果は女子のみに確認され，さらにその効果は中学・高校と私立学校に通う場合に限定されること，が明らかとなった．私立学校進学による大学進学確率の上昇効果が小さいことは，子どもを私立学校に通わせることを通じた親から子どもへの世代間所得移転が限定的であることを示唆している．

第5章の目的は，『世帯内・世代間調査』データを用いて，日本における遺産動機・遺産の分配方法と子の援助行動の現状について吟味し，そうすることによって，日本において利己主義を前提としたライフ・サイクル・モデル，利他主義モデルおよび王朝モデルがどの程度成り立っているのかを明らかにすることである．主な結果を要約すると，日本人の遺産動機・遺産の分配方法，子の援助行動から判断する限り，日本では，利己的な人，利他的な人，王朝的な人が混在している．王朝的な人は非常に少なく，ほとんどの人は利己的または利他的であるが，利己的な人のほうが多いのか，利他的な人のほうが多いのかは一概に言えない．子の援助行動に関する結果をより詳しく紹介すると，子の援助行動は親の遺産行動によって有意に異なり，この結果は，子が利己的であり，親からの遺産を目当てに親の援助・世話をしたり，親と同居しているということを示唆する．しかし，遺産を貰えないと思っている回答者の場合も，か

なりの割合が現在，妻・夫の親に援助・世話をしたり，妻・夫の親と同居したりしているか，または将来そうする予定であり，利他的な子もかなりいるようである．また，遺産動機・遺産の分配方法の親子間の相関はそれほど高くはなく，子は親の影響をそれほど受けないようである．

3. 調査の特徴と実施方法

本書では，財団法人家計経済研究所が 2006 年 10～12 月に行った『世帯内・世代間調査』の研究結果をもとに，現代日本の世帯内における人間関係・経済的関係によって規定される，各世帯の経済的行動（消費分配・労働供給など）の精査を目的としている．

本調査の特徴として，以下の 3 点が挙げられる．第一に，世帯内分配に関する質問を行っている点である．世帯を構成する，調査対象者とその配偶者，並びにその他の世帯員の各人の所得，貯蓄額，その変化（回顧調査），その変化予想に加えて，支出においては，子どもへの割り当て分を尋ねている．さらに，仮想質問により，（調査対象者・配偶者各人の）収入が増加した場合，そのお金はどのように分配されるのかなど，世帯内における Bargaing Power を間接的に観測することができる．

第二に，世代間移転に関する質問を行っている点である．まず，調査対象者の親から調査対象者への相続（生前贈与・遺産）のみならず，調査対象者からその子どもへの相続についても，どのような条件で配分が行われたか（行われるか），さらには，相続されると期待しているかどうかなどを尋ねている．また子どもへの移転については相続だけではなく，どのような教育投資を施したか（施そうとしているか）についても詳細に尋ねている．

第三に，生活意識に関する調査項目を充実させている点である．生活満足度のみならず，将来に対する不安（健康，労働条件〔賃金・昇進・職場環境〕，自然災害など），やそれに関連した過去の経験（入院，失業，災害の被害）をあわせて尋ねている．また前述のとおり家計行動については，今年から来年にかけての所得，貯蓄，支出の変化分の予想を質問項目として加えている．

『世帯内・世代間調査』の本調査に先駆けて，2006年5月中旬～6月中旬にかけて予備調査（プレテスト）を行った．予備調査の集計結果を検討し，回答拒否が多い設問，自記式で回答が困難であった設問などを修正するなど，本調査の設計・方法を再検討した後，2006年10月上旬～12月上旬に本調査を実施した．どちらの調査の実査・データクリーニングも，社団法人輿論科学協会が行った．概要は次の通りである．

  調査地域：全国
  調査対象：30歳～59歳の既婚女性
  抽出方法：二段抽出法　下記参照（※）
  調査方法：訪問留置き回収法
  完了調査票数：2,814標本（4,200標本抽出：回収率67％）
  調査時期：2006年10月6日～2006年12月8日

（※）

　本調査でのサンプリングでは，地域による層化（都道府県→市区町村）は行っていない．人口比による二段抽出を用いており，手順は以下のようになっている．例えば，全国民を調査対象の集まりとして，この中から4,000標本を等確率で抽出する場合，1億2,000万人÷4,000人＝3万人となり，この3万人をインターバルとして乱数によるスタート番号（人）から3万人目毎に抽出を行えば，日本全国から満遍なくサンプリングされることとなる（等間隔抽出法）．しかし，この方法では，実際の調査の際に，サンプルが飛び飛びになってしまい，多くの費用と時間がかかってしまう．そこで，本調査ではまず調査地域（自治体）を限定し，その中から個人を選ぶという方法をとっている[1]．

　本調査では，調査対象地域を100地域と設定した．そして，19,869,400人（平成18年度30～59歳既婚女性人口推計：平成18年度国勢調査速報）÷100地域＝198,694人をインターバルとして調査地域100地点を抽出した（第一次抽出単位）．その100地点に該当する自治体で住民基本台帳から30～59歳の女性を各地点42名，計4,200名を抽出（第二次抽出単位）した．

---

1) 林・村山[1973] 94-97．この点は，中野道明氏（社団法人輿論科学協会）のご説明に拠る．

4. 回収状況

　全4,200票のうち，回収票が2,814票，欠票が1,386票となり，回収率は67.00％であった．欠票理由の内訳は「拒否」が1,168票，「不在」が218票となっている．
　都道府県別の回答率をみると，富山県が一番低く61.90％，山形県，福井県，三重県，徳島県，福岡県，熊本県が64.29％と，全体平均値（67.00％）を3〜5％ポイント下回っている．逆に，回答率が高かったのは，青森県，石川県，滋賀県，山口県，長崎県の71.43％である（図表序-1）．
　都市規模別にみると，67.80％（14大都市），66.85％（10万人以上の市），66.67％（10万人以下の市），66.67％（町村）とそれほど大きな違いが表れていない．他の調査のように，町村で回答率が高く，大都市で回答率が低いという傾向はみられなかった（図表序-2）．
　最後に，コーホート別の回収状況をみると，一番回答率が低かったのは30歳代前半の60.76％，逆に一番高かったのは50歳代後半の75.12％であった．40歳代後半が若干低いものの，年齢が高いほど回答率が高いことが確認できた（図表序-3，図表序-4）．

5. 大規模調査との比較

　ここでは，国勢調査，就業構造基本調査などの大規模調査と本調査の基本的変数を比較した．

5.1　各地方ブロック分布
　『国勢調査』（2000年）と比較すると，各地方別でのばらつきにそれほど大きな違いが見られない（図表序-5）．

5.2　学歴分布
　学歴の分布は国勢調査（有配偶に限定）と比較を行ったところ，男性（夫）

図表序-1　都道府県別回収状況

		抽出	回収	未回収	拒否	不在	回収率（％）
1	北海道	168	110	58	47	11	65.48
2	青森県	42	30	12	10	2	71.43
3	秋田県	42	29	13	12	1	69.05
4	岩手県	84	57	27	20	7	67.86
5	宮城県	42	28	14	12	2	66.67
6	山形県	42	27	15	14	1	64.29
7	福島県	84	58	26	22	4	69.05
8	茨城県	84	56	28	21	7	66.67
9	栃木県	84	57	27	22	5	67.86
10	群馬県	42	29	13	11	2	69.05
11	埼玉県	252	171	81	66	15	67.86
12	千葉県	210	138	72	58	14	65.71
13	東京都	378	259	119	100	19	68.52
14	神奈川県	294	199	95	83	12	67.69
15	新潟県	84	55	29	24	5	65.48
16	富山県	42	26	16	14	2	61.90
17	石川県	42	30	12	8	4	71.43
18	福井県	42	27	15	13	2	64.29
19	長野県	84	57	27	22	5	67.86
20	岐阜県	84	57	27	23	4	67.86
21	静岡県	126	83	43	36	7	65.87
22	愛知県	210	139	71	60	11	66.19
23	三重県	84	53	31	28	3	63.10
24	滋賀県	42	30	12	9	3	71.43
25	京都府	84	57	27	24	3	67.86
26	大阪府	294	193	101	86	15	65.65
27	兵庫県	168	113	55	45	10	67.26
28	奈良県	42	28	14	13	1	66.67
29	和歌山県	42	28	14	13	1	66.67
30	鳥取県	42	29	13	11	2	69.05
31	岡山県	84	56	28	26	2	66.67
32	広島県	84	55	29	26	3	65.48
33	山口県	42	30	12	11	1	71.43
34	徳島県	42	27	15	14	1	64.29
35	香川県	42	28	14	12	2	66.67
36	愛媛県	42	29	13	11	2	69.05
37	福岡県	168	109	59	51	8	64.88
38	佐賀県	42	29	13	12	1	69.05
39	長崎県	42	30	12	8	4	71.43
40	熊本県	84	54	30	27	3	64.29
41	大分県	42	29	13	9	4	69.05
42	宮崎県	42	28	14	11	3	66.67
43	鹿児島県	42	28	14	12	2	66.67
44	沖縄県	42	29	13	11	2	69.05
		4,200	2,814	1,386	1,168	218	67.00

（注）山梨県，島根県，高知県は調査対象地域の100地点から外れた．

図表序-2　都市規模別回収状況

	抽出	回収	未回収	拒否	不在	回収率（%）
14大都市	882	598	284	241	43	67.80
10万人以上の市	2,184	1,460	724	609	115	66.85
10万人以下の市	630	420	210	177	33	66.67
町村	504	336	168	141	27	66.67
	4,200	2,814	1,386	1,168	218	67.00

図表序-3　年齢別回収状況

	抽出	回収	未回収	拒否	不在	回収率（%）
30歳	120	78	42	36	6	65.00
31歳	122	61	61	50	11	50.00
32歳	132	77	55	44	11	58.33
33歳	131	78	53	44	9	59.54
34歳	155	107	48	37	11	69.03
35歳	138	90	48	41	7	65.22
36歳	127	74	53	44	9	58.27
37歳	123	77	46	40	6	62.60
38歳	129	84	45	38	7	65.12
39歳	142	100	42	35	7	70.42
40歳	121	83	38	34	4	68.60
41歳	129	86	43	35	8	66.67
42歳	133	89	44	32	12	66.92
43歳	131	80	51	42	9	61.07
44歳	149	104	45	35	10	69.80
45歳	155	112	43	34	9	72.26
46歳	133	79	54	44	10	59.40
47歳	130	83	47	36	11	63.85
48歳	130	79	51	42	9	60.77
49歳	135	92	43	34	9	68.15
50歳	154	120	34	31	3	77.92
51歳	138	84	54	49	5	60.87
52歳	150	95	55	49	6	63.33
53歳	146	96	50	46	4	65.75
54歳	159	114	45	41	4	71.70
55歳	172	130	42	35	7	75.58
56歳	158	115	43	37	6	72.78
57歳	152	110	42	37	5	72.37
58歳	146	105	41	40	1	71.92
59歳	160	132	28	26	2	82.50
	4,200	2,814	1,386	1,168	218	67.00

図表序-4　コーホート別回収状況

	抽出	回収	未回収	拒否	不在	回収率（%）
30〜34歳	660	401	259	211	48	60.76
35〜39歳	659	425	234	198	36	64.49
40〜44歳	663	442	221	178	43	66.67
45〜49歳	683	445	238	190	48	65.15
50〜54歳	747	509	238	216	22	68.14
55〜59歳	788	592	196	175	21	75.13
	4,200	2,814	1,386	1,168	218	67.00

図表序-5　地方別回収割合比較

『国勢調査』（2005）

居住地域	（19,977,484人　有配偶女性）
北海道	4.40
東北	7.54
関東	32.82
甲信越	4.32
北陸	2.55
東海	12.30
近畿	16.38
中国	5.95
四国	2.74
九州・沖縄	10.98
親と同居している割合*）	
	15.06

（資料出所）「国勢調査」平成17年度第1次基本集計結果　各都道府県版第6表
＊）　国民生活基礎調査（2003）「親と未婚の子のみの世帯（65歳以上の者のいる世帯）」+「三世代世帯（65歳以上の者のいる世帯）」÷「世帯総数（全世帯）」より算出．

『世帯内・世代間調査』（2006）

居住地域	（2,814家計中）
北海道	3.91
東北	8.15
関東	32.30
甲信越	3.98
北陸	2.95
東海	11.80
近畿	15.98
中国	5.97
四国	3.03
九州・沖縄	11.98
親と同居している割合	
	22.74

（注）　「親と同居」の定義：問2　同居有無で「父」「母」「義父」「義母」のいずれかで「している」と回答した人の割合．

では，『世帯内・世代間調査』の方が全体として「中卒」割合が低く，「大学・大学院卒」割合が高いことが確認できる（図表序-6）．特にその傾向は中高年層において大きく表れており，50歳代・60歳代[2]は，『世帯内・世代間調査』の方が「中卒」割合がそれぞれ16.05, 26.37%ポイント低く，「大学・大学院

[2]　本調査では夫が70歳代である人数は5人しかおらず，学歴割合の分布に大きな偏りが発生しているため，比較に関する記述は行わなかった．

卒」割合が15.51，14.10％ポイント高いという結果になっている．一方，女性（妻）では，『世帯内・世代間調査』の方が全体として「中卒」割合が低く，専門学校・短大卒割合が高いことが確認できる．年齢別に見ても同様のことがいえる．総じて，国勢調査と比べて，本調査の回答者は高学歴に偏っている傾向が確認された．

5.3 世帯所得

次に，『就業構造基本調査』の世帯所得（30～59歳，世帯所得，2002年）と本調査の世帯所得（夫婦合計[3]）を比較すると，後者の方が300万円未満の割合が低く，400～900万円未満までの割合が高い．図示していないが同様に，『就業構造基本調査』の世帯所得と本調査の世帯所得（夫婦とその他世帯員合計[4]）と比較すると，400万円未満の割合が低く，600万円以上の割合が高い結果が得られ，『就業構造基本調査』と比べて，本調査回答者の所得階層が高いことがうかがわれる（図表序-7）．

5.4 貯蓄残高（預貯金・株・保険等）

『家計調査』の貯蓄残高（30～59歳，2005年）と本調査の貯蓄残高（夫婦合計）とを比較すると，本調査の回答者の方が，500万円未満の割合が大きく，全体として，保有貯蓄額が小さいことが確認された[5]（図表序-8）．

5.5 住宅ローン残高＋住宅ローン以外のローン残高

『家計調査』の負債現在高（30～59歳，2005年）と本調査の住宅ローン残高＋住宅ローン以外の残高を比較すると，本調査の回答者の方が，負債50万円未満の割合が低く，2,400万円以上の割合が高い結果となっている（図表序-9）．しかし，各カテゴリーにおける大小関係は一定ではなく，所得や貯蓄のような明確なかたちでの違いは見られなかった．

---

[3] 夫婦双方の所得に関して回答している2,511世帯．
[4] 夫婦，その他世帯員の所得がすべて回答されている1,673世帯．
[5] 貯蓄，ローンでは階級幅が広いため，階級値への変換し，『家計調査』と同じカテゴリーに数値を振り直すのは困難であると判断し，本調査でのカテゴリーのままで比較を行った．

図表序-6　年齢別学歴比較

『国勢調査』(2000)　＊有配偶に限定

男性 32,385,634人(%)	小学卒・中学卒	高校・旧中卒	短大・高専卒＊	大学・大学院卒
男性全体	22.38	44.01	6.87	22.58
各年齢層での学歴分布				
20-29歳 (5.40%)	11.40	51.29	13.79	21.01
30-39歳 (16.23%)	6.16	45.50	10.20	35.79
40-49歳 (20.08%)	10.16	46.42	6.32	34.84
50-59歳 (24.56%)	23.37	47.61	3.67	22.45
60-69歳 (19.15%)	38.08	41.31	2.53	15.00
70歳以上 (14.57%)	49.77	32.69	6.04	8.76

女性 32,359,518人(%)	小学卒・中学卒	高校・旧中卒	短大・高専卒＊	大学・大学院卒
女性全体	25.50	46.65	16.80	7.51
各年齢層での学歴分布				
20-29歳 (7.88%)	7.28	49.83	30.51	9.82
30-39歳 (19.03%)	4.35	50.45	30.16	12.59
40-49歳 (21.47%)	9.90	55.07	21.94	10.71
50-59歳 (24.34%)	25.76	55.53	10.49	5.01
60-69歳 (17.17%)	43.41	46.23	4.83	2.31
70歳以上 (10.11%)	54.93	37.17	3.80	1.08

『世帯内・世代間調査』(2006)

男性 2,637人(%)	中卒	高卒	専門学校卒	短大・専修学校卒	大学・大学院卒
男性全体	5.73	44.75	7.81	4.70	37.01
各年齢層での学歴分布					
20歳未満 (0.00%)	—	—	—	—	—
20-29歳 (0.99%)	7.69	61.54	7.69	0.00	23.08
30-39歳 (22.54%)	3.54	41.42	16.16	5.05	33.84
40-49歳 (29.19%)	2.99	41.56	7.66	5.84	41.95
50-59歳 (35.76%)	7.32	46.44	4.35	3.92	37.96
60-69歳 (11.34%)	11.71	52.51	2.68	4.01	29.10
70歳以上 (0.19%)	20.00	60.00	0.00	0.00	20.00

女性 2,659人(%)	中卒	高卒	専門学校卒	短大・専修学校卒	大学・大学院卒
女性全体	3.12	51.64	12.37	23.17	9.70
各年齢層での学歴分布					
10-19歳 (0.00%)	—	—	—	—	—
20-29歳 (0.00%)	—	—	—	—	—
30-39歳 (29.34%)	1.28	45.00	15.26	25.77	12.69
40-49歳 (31.55%)	0.95	49.70	11.92	26.34	11.08
50-59歳 (39.10%)	6.25	58.17	10.58	18.65	6.35
60-69歳 (0.00%)	—	—	—	—	—
70歳以上 (0.00%)	—	—	—	—	—

(資所出所)　総務省『平成12年　国税調査報告　第3巻　その1　全国編』第12表　在学か否かの別・最終卒業学校の種類 (6区分)、年齢 (5歳階級)、配関関係 (4区分)。＊各含む専門学校卒

図表序-7　世帯所得比較

『就業構造基本調査』(2002) ＊30～59歳 世帯に限定		『世帯内・世代間調査』(2006)	
世帯所得	11,411,900家計中	世帯年間所得（ボーナス込み）：あなた本人と配偶者合計（両方とも回答のあるものから計算）	2,511家計中
100万円未満	7.19	100万円未満	3.58
100～199万円	7.18	100～199万円	2.91
200～299	8.74	200～299	4.66
300～399	10.37	300～399	10.35
400～499	11.23	400～499	14.58
500～599	10.49	500～599	14.50
600～699	9.32	600～699	13.30
700～799	7.85	700～799	10.16
800～899	6.39	800～899	8.28
900～999	4.95	900～999	5.62
1,000～1,249	7.39	1,000～1,249	7.65
1,250～1,499	3.29	1,250～1,499	2.43
1,500万円以上	3.07	1,500万円以上	1.99

（資料出所）　総務省『平成14年　就業構造基本調査報告全国編』第37表　年齢，男女，世帯所得，世帯の収入の種類，就業希望の有無，求職活動の有無別無業者数（非親族世帯員を除く）.

図表序-8　世帯貯蓄比較

『家計調査』(2005) ＊30～59歳 世帯に限定		『世帯内・世代間調査』(2006)	
貯蓄	57,453家計中	貯蓄残高（預貯金・株・保険等）	2,383家計中（世帯全体）
100万円未満	10.36	125万円未満	22.11
100～200万円	6.22	125～250万円未満	11.33
200～500万円	19.46	250～500万円未満	16.28
500～800万円	15.24	500～750万円未満	12.76
800～1,000万円	7.33	750～1,000万円未満	6.25
1,000～1,600万円	15.92	1,000～1,500万円未満	9.32
1,600～2,000万円	6.31	1,500～2,000万円未満	6.63
2,000～3,000万円	9.47	2,000～3,000万円未満	6.71
3,000万円以上	9.70	3,000～5,000万円未満	5.67
		5,000～1億円未満	2.27
		1億円以上	0.67

（資料出所）　総務省『家計調査年報　平成17年　貯蓄・負債編』第20表　各種世帯属性，貯蓄現在高，貯蓄・負債現在高の差額階級別世帯分布.

図表序-9　世帯負債比較

『家計調査』(2005)	＊30～59歳 世帯に限定	『世帯内・世代間調査』(2006)	
負債合計現在高	57,453家計中	住宅ローン残高＋住宅ローン以外のローン残高	2,615家計中
50万円未満	51.23	50万円未満	47.57
50～100万円	3.03	50～100万円	4.44
100～300万円	6.59	100～300万円	7.53
300～600万円	5.97	300～600万円	3.75
600～900万円	4.18	600～900万円	7.65
900～1,200万円	4.90	900～1,200万円	2.37
1,200～1,500万円	3.91	1,200～1,500万円	6.62
1,500～2,400万円	10.86	1,500～2,400万円	8.11
2,400万円以上	9.34	2,400万円以上	11.97

(資料出所)　総務省『家計調査年報　平成17年　貯蓄・負債編』第21表　各種世帯属性，負債現在高階級別世帯分布．

参考文献

Apps, Patricia and Ray Rees [2005] "Gender, Time Use and Public Policy over the Life Cycle," IZA Discussion Papers 1855, Institute for the Study of Labor (IZA).

Bertrand, Marianne, Sendhil Mullainathan and Douglas Miller [2003] "Public Policy and Extended Famlies : Evidence from South Africa," *World Bank Economic Review*, 17(1), 27-50.

Browning, Martin, Pierre-Andre Chiappori, and Valerie Lechene [2006] "Collective and Unitary Models : A Clarification,"*Review of the Economics of the Household*, 4, 5-14.

Chiappori, Pierre-Andre, [1988] "Rational Household Labor Supply,"*Econometrica*, 56(1), 63-90.

Chiappori, Pierre-Andre, [1992] "Collective Labor Supply and Welfare,"*Journal of Political Economy*, 100(3), 437-467.

Haddad, Lawrence, John Hoddinott and Harold Alderman [1997] *Intrahousehold Resource Allocation in Development Countries : Methods, Models*, and Policy. Johns Hopkins University Press, Baltimore, Maryland.

高山憲之・有田富美子 [1994]「家計資産の分配とその変遷」『日本の所得と富の分配』東京大学出版会，59-78．

林知己夫・村山孝喜 [1973]『実例による市場調査の手引き　第7版』日刊工業新

聞社.
樋口美雄［1994］「教育を通じた世代間所得移転」石川経夫編『日本の所得と富の分配』東京大学出版会，245-278.

第Ⅰ部　世帯内分配に関する分析

第1章　世帯内における消費・余暇配分の構造[*]

坂本　和靖

1. はじめに——共働き世帯の増加

　これまでの経済学における分析の枠組みでは，1人の意思決定者（主稼得者など）が，家計行動（消費，貯蓄など）の決定を司っていると仮定した Unitary Model が主流であった．しかし近年，これでは複雑な世帯内の意思決定問題を考察することが難しいと，各世帯員が各自の選好（効用）をもっていることを想定した，Collective Model による分析事例が増えつつある（Chiappori [1988] [1992]）．

　図表1-1に示されている通り，日本では，この20年で夫婦共に雇用者である「共働き世帯」の数が増加し，1990年代後半以降は，男性雇用者と無業女性からなる「片働き世帯」の数を越え，その差は年々拡大している[1]．もはや「Bread Winner」の称号は夫だけのものではなく，妻も家計を支える大きな働きを担うようになってきており，家計の意思決定者が1人であるという設定は難しいように思われる．

　本章では，財団法人家計経済研究所が実施した『世帯内分配と世代間移転に関する研究』調査（以下，『世帯内・世代間調査』）のデータを用いて，Collec-

---

[*] 『世帯内分配・世代間移転に関する研究』プロジェクトの委員，特に小原美紀氏，村田啓子氏，ならびに同僚の久木元真吾氏，田中慶子氏から有益なコメントをいただいた．ここに記して感謝したい．

[1] この要因として，育児休業法（1992年施行）を嚆矢としたさまざまな両立支援策により，出産後の離職率が下がり，継続就業できるようになったこと，また，1990年代後半から2000年代前半にかけての不況期に，主稼得者（夫）の収入の低下を補うべく，妻が労働時間を増加，ないし再就職したことが要因として挙げられる（樋口 [2001]，小原 [2007]）．

22　第Ⅰ部　世帯内分配に関する分析

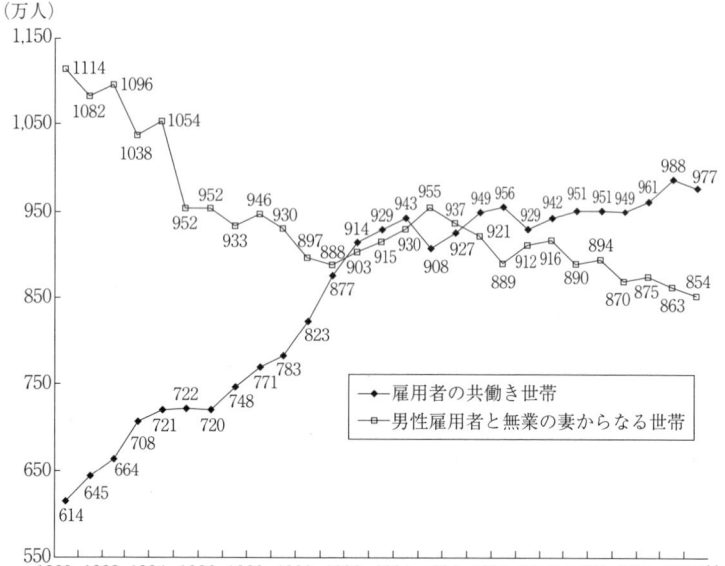

図表1-1　共働き世帯・片働き世帯の推移

(単位：万人)

年	雇用者の共働き世帯	男性雇用者と無業の妻からなる世帯
1980	614	1114
1981	645	1082
1982	664	1096
1983	708	1038
1984	721	1054
1985	722	952
1986	720	952
1987	748	946
1988	771	933
1989	783	930
1990	823	897
1991	877	903
1992	914	888
1993	915	929
1994	927	943
1995	908	955
1996	937	949
1997	921	956
1998	889	929
1999	912	942
2000	916	951
2001	890	951
2002	870	949
2003	875	961
2004	863	988
2005	854	977

(注) 1．1980年から2001年は総務省『労働力調査特別調査』(各年2月,ただし,1980年から1982年は各年3月),2002年以降は『労働力調査 (詳細結果)』(年平均)より作成.
2．「男性雇用者と無業の妻からなる世帯」とは,夫が非農林業雇用者で,妻が非就業者(非労働力人口および完全失業者)の世帯.
3．「雇用者の共働き世帯」とは,夫婦ともに非農林業雇用者の世帯.

tive Model の枠組みから,共働き世帯の余暇時間と消費の分配に関する分析を試みたいと思う.構成は以下のようになっている.第2節では先行研究について概観し,第3節では本章で扱うデータとその変数に関する説明と記述統計量による分析,第4,5節では Collective Model から世帯内における消費・余暇時間の配分行動について考察したい.

2．Collective Model による先行研究

　社会学では,すでに共働き世帯での生活時間の分配に関する多くの研究が存在しており(水野谷[2005]),たとえ妻が出産後に働き始めたとしても,夫婦間において,家事・育児時間の公平分配はなされず,妻の就業時間と家事時間

との合計時間（＝総労働時間）が増大し，妻の負担が増大する（ダブル・シフト）ことが示されている（Hochschild [1989]，津谷 [2000] [2002]）．この点については，後述するように，本章で用いるデータからもうかがうことができる．

経済学では，性別による世帯内分配の違いのみならず，世帯内の交渉に影響する変数，主に所得の源泉（誰の収入か）や各人の保有資産などによる[2]，労働供給，消費への影響の違いを分析している．その多くが所得プーリング仮説（所得の源泉が誰であろうとそれは世帯内分配に影響しない）の検証であり，消費への影響（Browning et al. [1994]），労働供給への影響（Schultz [1990]）などについての検証が行われている．

消費を主に扱ったものとして，Browning et al. [1994] では，the Canadian Family Expenditure Survey（FAMEX）を用いて，衣類費の分配に関する所得プーリング仮説（所得の源泉が誰であろうとそれは世帯内における衣類費の分配に影響しない）の検証を行い，仮説を棄却している．また，Lundberg et al. [1997] では，イギリスの the Family Expenditure Survey（FES）を利用し，（夫の）所得税の扶養控除から，育児をしている者［母親］に（同額の）児童手当が支払われるという制度改定を自然実験として活用し，制度改定後に妻と子どもの衣類費が増加したことを示している．さらに，国際比較を行ったものとして，Quisumbing and Maluccio [2000] では，バングラディシュ，インドネシア，エチオピア，南アフリカのデータから，妻の結婚時の資産は，その後の妻や子への食料消費の分配を増加させる結果を得ている．

また，労働供給としての生活時間への影響を扱った先行研究（Bertrand et al. [2000]）では，南アフリカにおける年金プログラムは，年金受給者と同居している生産年齢者の労働時間の抑制に働いており，特にその長子の労働時間の減少分が大きく，所得プーリング仮説が棄却されている．加えて Apps and Rees [2005] では，税・社会保障制度の違いが女性の生活時間配分に及ぼしているとし，夫婦間の限界税率を均す連帯納税や所得分割システムを採用して

---

2) Browning et al. [1994] では"Distribution Factors"（DF），McElroy [1990] では"Extrahousehold Environmental Parameters"（EEP's）と呼ばれている．上記に挙げたもの以外に，DF の事例として，非労働所得，居住地域の性比や州別の離婚法（Chiappori, Fortin and Lacroix [2002]），結婚時における保有資産（Quisumbing and Maluccio [1999]）などが挙げられる．

いる．ドイツでは専業主婦の妻がいる世帯よりも就業する妻がいる世帯は実効税率が高いため，有配偶女性は就業時間を抑制，家事時間を増加させ，オーストラリアとイギリスでは，限界税率が各個人の所得に依存するため，就業時間を増加させているとした分析結果を示している．

これらの結果から，所得の源泉などの Distribution Factors によって，消費，労働供給行動それぞれに違いがあることが確認され，それに伴い，Collective Model が世帯行動分析における１つの重要なモデルとして考えられるようになってきた（Chiappori［1988］［1992］, Browning and Chiappori［1998］）．

また，Collective Model による多くの先行研究では，Output として，消費，余暇時間が別々に扱われてきたが，最近の分析では，それぞれ単独のものとして考えない傾向がみられる．生活時間の平均値だけをみると，市場労働時間が長い夫も，家事労働時間が長い妻も同じくらいの余暇時間を享受しているが，家庭ごとの不均質性を考慮した場合，長く働くものほど，配偶者と比べて余暇を享受できていないという世帯も世の中には存在する．この理由として（Browning and Gørtz［2006］），①（消費と比較した場合の）余暇への選好が多種多様であるため，余暇時間よりも支出を優先させるものがいる，②家事労働の生産性が多種多様であるため，効率よく短い時間で仕事をし，その分余暇時間を多く享受できるものがいる，③世帯内における Bargaining Power が等しくなく，小さい Power しかもたないもの（交渉力がないもの）はより多く働かされるなどの理由が考えられる．特に①の点を考えると，個人の効用を構成する大事な要素となる，余暇時間と個人消費の双方の相対的な関係を捉えるためにも，双方を同時に検討する必要がある．本章でも，精緻な生活時間情報と消費情報を捕捉している the Danish Time Use Survey（DTUS）を用いた，Browning and Gørtz［2006］に倣い，生活時間と消費の双方を考慮した分析を行う．

3. 共働き世帯における生活時間・個人消費の夫婦格差

3.1 データ

　本章で用いているデータは他の章と同じく，2006年10～12月に財団法人家計経済研究所が実施した『世帯内・世代間調査』を利用する（調査の詳細については序章を参照されたい）．ここで分析に用いる対象者は夫婦とも働いているものに限定する[3]．

3.2 余暇時間

　本項では，余暇時間の定義と『世帯内・世代間調査』における余暇時間の特徴について説明する．DTUS を用いた Browning and Gørtz [2006] では，余暇時間を，1週間の利用可能時間（168時間＝24×7）から市場労働時間，家事労働時間，基礎時間（56時間＝8×7と仮定）を差し引いたものを「余暇時間」として推計している．しかし，NHK放送文化研究所が5年ごとに実施している「NHK国民生活時間報告書」（2005年10月実施）によれば，上記の基礎時間にあたる，必需行動（睡眠，食事，身の回りの用事，療養・静養）[4]は，平均約10時間（平日），10時間半（土曜日），11時間（日曜日）となっており，日本では「8時間」が妥当であるとはいえない[5]．そのため，ここでは『世帯内・世代間調査』の問62「趣味・娯楽時間」を余暇時間として用いることとする．また先行研究では，週当たりの生活時間を用いた推計を行っているが，本章では，平日と休日に分けた分析を行った[6]．

　まず，夫婦の就業形態別の余暇時間ならびに家事，育児時間をみると，以下のような特徴がみられた（図表1-2【平日】，図表1-3【休日】[7]）．

3）Blundell et al. [2007] では，無就業の世帯員を考慮した分析が行われている．
4）睡眠，食事など生命を維持させるために行う不可欠な行動をさす．
5）より正確にみると，睡眠時間は，平日は7時間22分，土曜7時間47分，日曜8時間14分であり，食事時間（全員平均時間）は平日1時間35分，土曜・日曜が各1時間43分となっている．洗顔・入浴・着替え・化粧など身のまわりの用事の時間（全員平均時間）は，平日と土曜が1時間7分，日曜1時間8分で，曜日差はみられない．
6）平日と休日に分けた生活時間の分析を行っている事例として，Ichino and Galdeano [2005] などが挙げられる．

図表 1-2　夫婦就業形態別の生活時間【平日】

(単位：時間)

夫	妻	#	妻 平日				夫 平日			
			就業時間	家事時間	育児時間	趣味・娯楽時間	就業時間	家事時間	育児時間	趣味・娯楽時間
フルタイム	フルタイム	277	7.76	3.00	1.27	1.25	8.94	0.45	0.39	1.66
フルタイム	パート・アルバイト、その他	736	5.27	3.91	1.53	1.59	9.14	0.25	0.30	1.54
フルタイム	自営・家族従業員	42	7.07	3.88	1.10	1.53	8.88	0.42	0.21	1.73
フルタイム	無業	829	—	4.84	3.39	2.14	9.29	0.02	0.46	1.35
パート・アルバイト、その他	フルタイム	20	7.80	2.87	1.17	1.07	7.68	0.61	0.30	1.81
パート・アルバイト、その他	パート・アルバイト、その他	52	5.90	3.35	0.62	1.71	8.00	0.49	0.19	1.86
パート・アルバイト、その他	自営・家族従業員	6	4.58	3.80	0.75	2.80	7.50	0.60	0.25	2.50
パート・アルバイト、その他	無業	53	—	4.45	1.89	2.74	7.88	0.45	0.28	2.06
自営・家族従業員	フルタイム	54	7.90	3.22	0.81	1.56	9.11	0.56	0.20	1.73
自営・家族従業員	パート・アルバイト、その他	115	5.72	3.56	1.09	1.60	8.92	0.35	0.25	1.81
自営・家族従業員	自営・家族従業員	225	6.99	3.80	1.07	1.58	9.36	0.43	0.27	1.86
自営・家族従業員	無業	108	—	4.83	3.03	1.92	9.09	0.21	0.49	1.77
無業	フルタイム	22	7.63	2.50	0.68	1.44	—	1.39	0.15	3.54
無業	パート・アルバイト、その他	33	5.37	3.25	0.22	1.71	—	1.35	0.00	2.93
無業	自営・家族従業員	3	7.00	2.67	0.00	1.67	—	0.50	0.00	2.50
無業	無業	67	—	4.66	0.47	2.36	—	0.88	0.15	3.58

図表1-3　夫婦就業形態別の生活時間【休日】

(単位：時間)

夫	妻	#	妻 休日				夫 休日			
			就業時間	家事時間	育児時間	趣味・娯楽時間	就業時間	家事時間	育児時間	趣味・娯楽時間
フルタイム	フルタイム	277	—	4.32	2.58	2.82	—	0.87	1.44	4.30
フルタイム	アルバイト、パート・その他	736	—	4.39	2.42	2.81	—	0.63	1.17	4.43
フルタイム	自営・家族従業員	42	—	4.59	1.89	2.52	—	0.67	0.76	4.59
フルタイム	無業	829	—	4.44	4.01	2.61	—	0.61	2.06	4.07
アルバイト、パート・その他	フルタイム	20	—	4.29	1.84	2.78	—	0.75	0.63	3.76
アルバイト、パート・その他	アルバイト、パート・その他	52	—	3.89	0.97	2.72	—	0.63	0.51	3.73
アルバイト、パート・その他	自営・家族従業員	6	—	4.00	1.75	4.00	—	0.38	0.50	5.00
アルバイト、パート・その他	無業	53	—	4.24	1.70	2.76	—	0.77	0.54	4.60
自営・家族従業員	フルタイム	54	—	4.33	1.92	3.05	—	0.86	0.57	4.76
自営・家族従業員	アルバイト、パート・その他	115	—	4.08	1.70	2.47	—	0.51	0.96	3.62
自営・家族従業員	自営・家族従業員	225	—	3.86	1.38	2.81	—	0.52	0.66	4.10
自営・家族従業員	無業	108	—	4.40	3.38	2.74	—	0.38	1.60	3.99
無業	フルタイム	22	—	4.02	1.63	2.43	—	0.90	0.82	3.94
無業	アルバイト、パート・その他	33	—	4.14	0.30	2.48	—	0.99	0.18	3.67
無業	自営・家族従業員	3	—	2.33	0.00	7.00	—	0.75	0.00	4.75
無業	無業	67	—	4.33	0.45	2.59	—	0.88	0.18	4.82

第一に，夫がフルタイム就業の場合，妻の就業形態により，夫の家事・育児時間に違いは表れるが，大きな差はない．
　第二に，たとえ夫がパート就業，無業であっても，夫の家事・育児時間は，妻の家事・育児時間を超えることはなく，一方夫の趣味・娯楽時間は，妻の趣味・娯楽時間を超えているケースが多い．
　第三に，妻が就業しているかどうかにかかわらず，妻の家事時間の差異は小さく，就業有配偶女性は，ダブル・シフトを強いられていることを示している．
　第四に，例外的に，夫が無業となっている場合，妻の就業形態にかかわらず，妻の育児時間が短い．これはすでに夫が定年退職しているなど，夫婦の年齢が高く，育児をする子どもがいない対象者が含まれた影響が考えられる（序章で示されているように，本調査では年齢が高いほど回答率が高かった）．
　次に，子ども（18歳以下）人数別に，妻と夫の生活時間をみると，以下のような特徴がみられた（図表1-4【平日】，図表1-5【休日】）．第一に，子どもの数が0人である夫の就業時間が短くなっているが，これはすでに子どもが成人し，退職している対象者が含まれているからである．また子どもがいる世帯では，子どもの人数にかかわらず，夫の就業時間に大きな変化がみられない．第二に，妻の就業時間は子どもの数が増えるたびに減少し，家事・育児時間が長くなっている．第三に，夫の家事・育児時間（休日）は子どもの数が0人から1人になると4倍弱増加する．平日は1時間に満たない家事・育児時間であるが，休日には協力していることがうかがわれる．
　また結婚すると独立世帯を設けるという欧米とは異なり，日本では減少しているものの，結婚後も親と同居する行動が見られる．それによる影響をみると，親との同別居での一番の違いは，同居している場合，妻の趣味・娯楽時間が少ないことが確認できる．
　最後に，共働き世帯に限定して，夫婦間の余暇時間の比（妻／夫）をみると，平日は0.5か1がほとんどとなっていた（図表1-6）．休日となると，1が多くを占めているが，1以下でのばらつきも目立つ．共働きの場合，夫婦ともに余暇時間が等しいケースが多いものの，その分布は左に偏っており，均等では

7）以下の記述統計量の図における#（人数）は夫の就業時間の回答者数を示している．夫が就業していない場合は，0と回答した者の数とする．

第1章　世帯内における消費・余暇配分の構造

図表1-4　親同・別居別／子ども人数別の生活時間【平日】

(単位：時間)

| | # | 妻 | | | | 夫 | | | |
		就業時間	家事時間	育児時間	趣味・娯楽時間	就業時間	家事時間	育児時間	趣味・娯楽時間
子ども(18歳以下)の人数									
0人	1,102	4.18	3.84	—	2.14	7.82	0.43	—	2.00
1人	539	3.51	4.11	2.79	1.90	9.00	0.29	0.52	1.49
2人	773	3.35	4.29	3.39	1.60	9.44	0.26	0.56	1.36
3人以上	274	2.91	4.64	3.82	1.37	9.22	0.27	0.64	1.36
親との同居別居	2,049	3.51	4.10	2.07	1.86	8.65	0.34	0.35	1.65
別居									
夫親と同居	437	4.21	4.19	1.88	1.68	8.66	0.28	0.34	1.69
妻親と同居	194	4.23	3.93	1.86	1.58	8.82	0.36	0.36	1.51

図表1-5　親同・別居別／子ども人数別の生活時間【休日】

(単位：時間)

| | # | 妻 | | | | 夫 | | | |
		就業時間	家事時間	育児時間	趣味・娯楽時間	就業時間	家事時間	育児時間	趣味・娯楽時間
子ども(18歳以下)の人数									
0人	1,102	—	4.15	—	3.22	—	0.66	—	4.57
1人	539	—	4.22	3.59	2.68	—	0.64	2.15	4.18
2人	773	—	4.49	4.79	2.34	—	0.62	2.29	3.92
3人以上	274	—	4.66	5.01	1.99	—	0.63	2.18	3.78
親との同居別居	2,049	—	4.29	2.76	2.78	—	0.67	1.39	4.42
別居									
夫親と同居	437	—	4.48	2.58	2.58	—	0.53	1.20	4.20
妻親と同居	194	—	4.16	2.87	2.57	—	0.65	1.48	3.96

図表1-6　相対的余暇時間【平日】（妻／夫・共働き世帯）

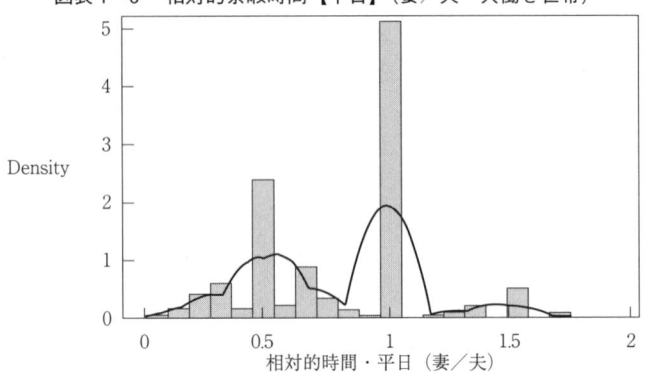

図表1-7　相対的余暇時間【休日】（妻／夫・共働き世帯）

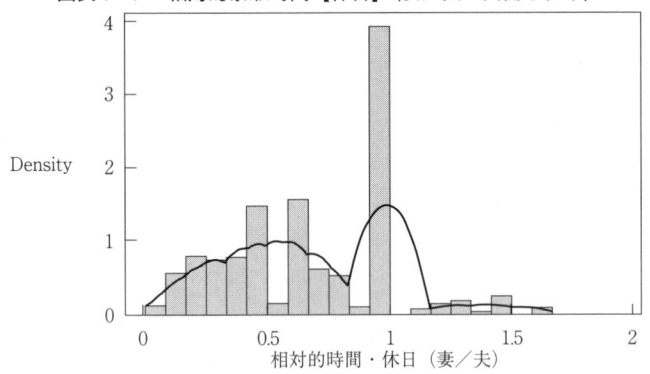

ないことが分かった（図表1-7）．この関係は夫婦ともにフルタイム就業者であっても同じであった（図表1-8，1-9）．

3.3　個人消費

本項では，個人消費の定義と『世帯内・世代間調査』における個人消費の特徴について説明する．

ここでは，誰のための消費か特定できる，いわゆる"Assignable Goods"として衣類・はき物や教養・娯楽・交際費などを用いる．『世帯内・世代間調査』では，世帯全体の「衣類・はき物」費，「教養・娯楽・交際」費(1)をそれぞれ

図表1-8　相対的余暇時間【平日】（妻／夫・夫婦ともフルタイム）

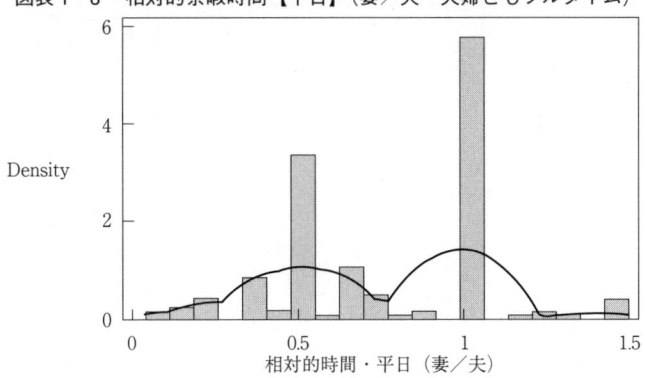

図表1-9　相対的余暇時間【休日】（妻／夫・夫婦ともフルタイム）

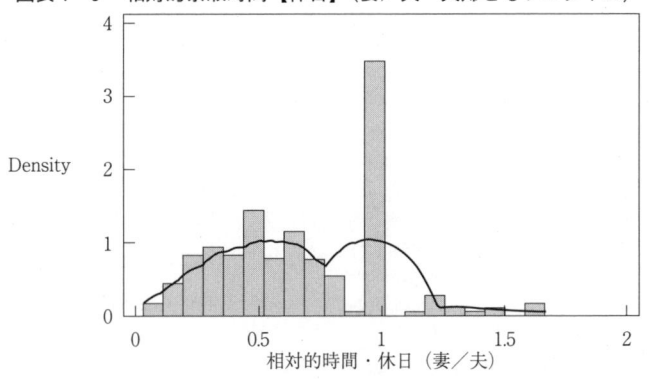

尋ねており（1ヵ月あたり），さらに，各費目の世帯内における消費割合(2)を尋ねているため（問24, 25），(1)×(2)を計算することで，世帯員各人の「衣類・はき物」費，「教養・娯楽・交際」費（自由裁量消費）を推計できる．

個人消費の特徴は以下のようになっている（図表1-10）．まず妻の就業形態別にみると，全16ケース中13ケースにおいて，（夫と比べて）妻の消費額が大きい．余暇時間では，就業形態に関係なく，夫の方が余暇時間が多かったが，消費については，妻の方が多いことが確認できた．

また，子どもの人数別にみると，子どもができると，夫妻とも消費額が大きく減少しており，余暇時間で見られたような妻だけが負担を強いられてはいな

図表1-10 夫婦就業形態別／親との同・別居別／子ども人数別の自由裁量消費

被服・はき物・教養・娯楽費(1ヵ月あたり)

夫	妻	#	妻 千円	夫 千円	妻／夫 0含む	妻／夫 0含まない
フルタイム	フルタイム	179	15.548	13.289	2.012	2.206
フルタイム	パート・アルバイト，その他	514	10.942	9.157	1.434	1.601
フルタイム	自営・家族従業員	23	9.404	10.709	0.960	1.020
フルタイム	無業	536	10.122	9.800	1.368	1.542
パート・アルバイト，その他	フルタイム	14	15.332	12.171	2.160	2.163
パート・アルバイト，その他	パート・アルバイト，その他	24	10.566	9.863	1.012	1.118
パート・アルバイト，その他	自営・家族従業員	4	17.375	4.100	5.440	5.447
パート・アルバイト，その他	無業	33	13.704	12.217	1.481	1.543
自営・家族従業員	フルタイム	32	24.170	11.164	1.465	1.539
自営・家族従業員	パート・アルバイト，その他	74	10.098	10.231	1.399	1.508
自営・家族従業員	自営・家族従業員	128	18.269	11.717	2.615	2.845
自営・家族従業員	無業	102	10.098	10.231	1.399	1.508
無業	フルタイム	7	5.157	2.214	0.875	0.875
無業	パート・アルバイト，その他	15	9.646	9.113	1.174	1.291
無業	自営・家族従業員	3	92.600	9.833	5.140	5.144
無業	無業	31	15.061	8.015	1.692	1.692
	子ども(18歳以下)の人数					
	0人	636	19.112	14.445	1.750	1.860
	1人	350	11.051	9.521	1.720	1.888
	2人	555	6.716	6.936	1.290	1.448
	3人以上	183	5.857	5.657	1.270	1.605
	親との同別居					
	別居	1,313	12.270	10.199	1.550	1.733
	夫親と同居	279	11.187	8.742	1.580	1.721
	妻親と同居	131	11.677	10.684	1.510	1.600

い．次に，親との同・別居別の消費の特徴をみると，妻は夫親と同居する場合，自分のための消費が低くなっている．

共働き世帯に限定して，夫婦間の消費額の比をみると，1より大きい（妻の

図表1-11　相対的自由裁量消費（妻／夫・共働き世帯）

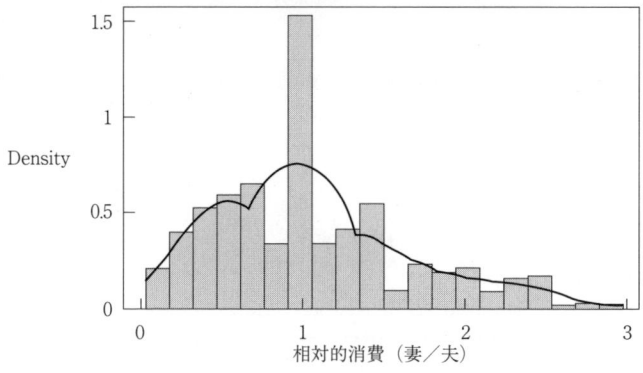

図表1-12　相対的自由裁量消費（妻／夫・夫婦ともフルタイム）

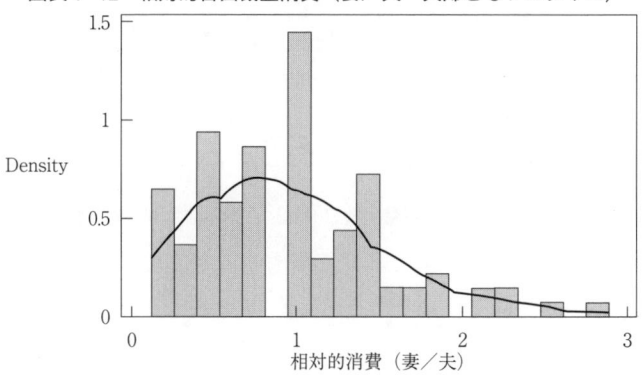

方が多く消費している）世帯が多く（図表1-11，図表1-12），前項でみた余暇時間と比べて，分布の右側の層も厚くなっている．

最後に，相対的自由裁量消費（妻／夫）と相対的余暇時間（妻／夫）との関係をみると（図表1-13-1, 1-13-2），緩い正の相関がみられる（OLS推計での係数は，平日：0.039【t値0.68】，休日：0.180【t値2.83】）．もし正の関係があるとするなら，余暇時間が多い者は消費も多く得られるという関係を示している．しかし，単純な相関から結論を導くのは早計であるため，次節以降の回帰による推計結果を待ちたい．

図表1-13-1　相対的自由裁量消費（Y軸）と相対的余暇時間・平日（X軸）

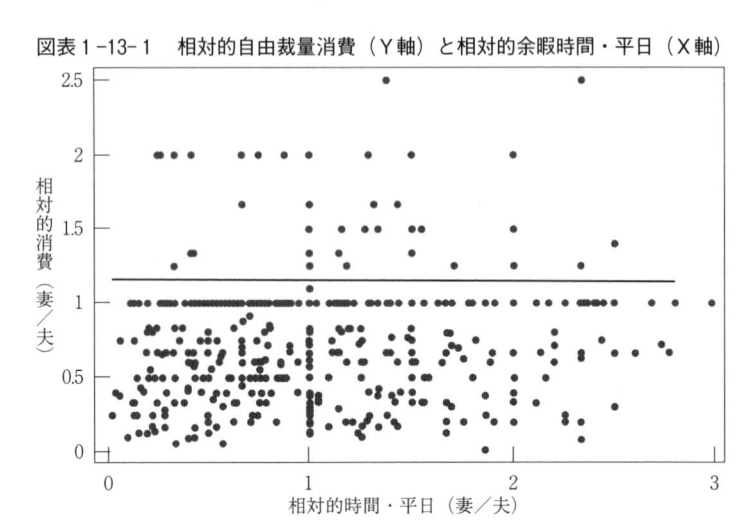

図表1-13-2　相対的自由裁量消費（Y軸）と相対的余暇時間・休日（X軸）

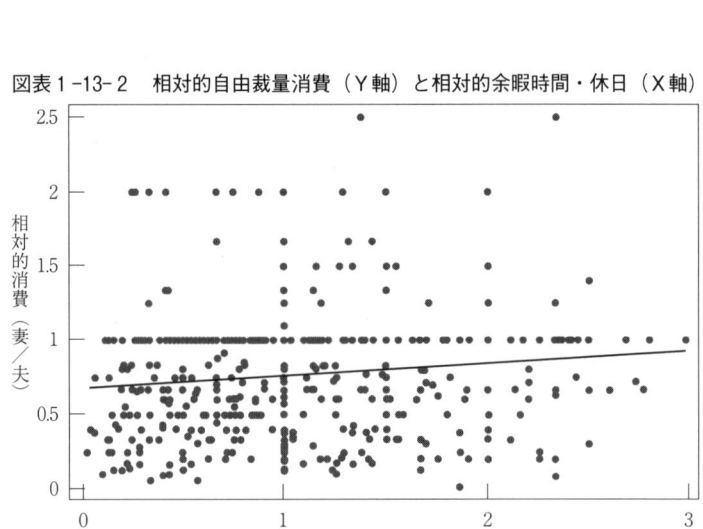

4. モデル

4.1 Collective Model

以下では，世帯内における時間と消費の配分に関するモデルを示す（Browning and Gørtz [2006]）．ここでは主立った2人の世帯員（$i=A,B$）の余暇時間 l_i・市場労働時間 m_i・家事労働時間 h_i と，私的財 c_i・(世帯内)公共財 c_H の消費の配分についてみていく．

$$c_A + c_B + c_H = w_A m_A + w_B m_B + n \tag{1}$$

$$l_A + h_A + m_A = T \tag{2}$$

$$l_B + h_B + m_B = T \tag{3}$$

$$Q = F(h_A, h_B, c_H) \tag{4}$$

$$u_A = u_A(c_A, l_A, Q) \tag{5}$$

$$u_B = u_B(c_B, l_B, Q) \tag{6}$$

c は消費，w は賃金，n は非労働所得，Q は世帯内公共財，u は効用を示し，H, A, B はそれぞれ世帯，妻，夫を示している．

まず，(1)式は消費に対する予算制約を，(2)式・(3)式は世帯構成員それぞれの時間制約を，(4)式は（世帯内）公共財が構成員各人の家事時間 h_i と公共財 c_H から生み出されていることを示している．また(5)式・(6)式は世帯構成員それぞれの効用をさしている．

さらに，世帯内において，一方（妻・夫）が他方（夫・妻）の効用を考慮（Care）するとし，各人のベンサム型（加算型）社会的厚生関数は以下のように示すことができる．

$$\Psi_A = u_A + \lambda_A u_B \tag{7}$$
$$\Psi_B = u_B + \lambda_B u_A \qquad \lambda_i > 0 \tag{8}$$

上記のウェイト λ_i は Care の程度をさしており，さらに，世帯全体の社会的厚生関数を示すと以下のようになる．

$$\Psi = \tilde{\mu}\Psi_A + (1-\tilde{\mu})\Psi_B \qquad \tilde{\mu} \in [0,1] \tag{9}$$

μ はパレートウェイトと呼ばれ，世帯内における Power の分布と Care の程度から構成されている．もし，μ が一定に固定されている場合は Unitary Model となり，一定でない場合は Collective Model となる[8]．一般的に，Power の世帯内分布は Distribution Factors に依存するとされている．Distribution Factors となる変数として，世帯構成員 A，B の相対的な年齢・就学年数・賃金や居住地域における人口の性比などが挙げられる．

4.2 推計モデル[9]

ここでは実証するにあたり，効用関数内において分離性仮定を置くこととし，これを可能とするために簡単なパラメータ化を行う．

以下では，効用関数は加法的[10]，余暇時間を Power（べき）型関数で表現する[11] いう2つの仮定を課したうえで，c_i, l_i, Q の3つの変数により構成されているとした．

$$u^A = \theta_A \ln(c_A) + \tau_A (\rho/\rho - 1)(l_A)^{\left(\frac{\rho-1}{\rho}\right)} + f(Q) \tag{14}$$

$$u^B = \theta_B \ln(c_B) + \tau_B (\rho/\rho - 1)(l_B)^{\left(\frac{\rho-1}{\rho}\right)} + f(Q) \tag{15}$$

ρ は余暇の異時点間代替弾性値（Frisch 労働弾性値）をさしている．次に，個人 A の相対的な消費，個人 A の相対的な余暇時間を示すと，

---

8) 両者の正確な定義の違いについては，Browning, Chiappori and Lechene [2006] にまとめられている．
9) 本項で展開する数式を簡便に表現するために以下の条件を課す．

$$\frac{u_c^B}{u_c^A} = \mu \quad (10) \qquad \frac{u_l^B}{u_l^A} = \mu \frac{w_B}{w_A} = \frac{\mu}{w} \quad (11) \qquad \frac{u_l^i}{u_c^i} = w_i \quad (12)$$

$$\text{Max} \quad u_A(c_A, l_A, Q) \quad s.t. \quad c_A + w_A l_A = y_A \tag{13}$$

y_A は個人Aの個人消費，余暇のための所得の配分であり，また世帯内モデルでは「Sharing Rule」としても知られている．
10) 消費と労働供給が補完財であると設定できる（外に働きに出るという費用の存在，市場で得られる家計内生産財と家事とが代替可能などの理由から）．
11) 他の型の関数を用いると4本の方程式が必要となるが，Power 型を用いることで2本に省くことができる．

第1章　世帯内における消費・余暇配分の構造

$$c = \frac{c_A}{c_B} = \theta\mu \tag{16}$$

$$l = \frac{l_A}{l_B} = \left(\mu\tau\frac{w_B}{w_A}\right)^\rho = (\mu\tau)^\rho w^{-\rho} \tag{17}$$

となる[12]．

ここで，パレートウェイト μ は，夫婦間の相対的な賃金 w と賃金以外の Distribution Factors Z（夫婦間の年齢差，就学年数差，地域別性比など）から構成されている．

$$\mu = \exp(\alpha_0 + \alpha'Z + \delta_w \ln(w) + \varepsilon_\mu)$$

自由裁量消費と余暇時間の係数 θ と τ は，世帯の基本属性 a（世帯員の年齢，子ども人数など）から構成されているとする．

$$\theta = \exp(\gamma_{\theta 0} + \gamma'_\theta a + \varepsilon_\theta) \tag{18}$$

$$\tau = \exp(\gamma_{\tau 0} + \gamma'_\tau a + \varepsilon_\tau) \tag{19}$$

相対的自由裁量消費方程式(16)や相対的余暇時間方程式(17)に，これらの μ, θ, τ を代入する．

$$\ln c_A/c_B = \ln c = (\alpha_0 + \gamma_{\theta 0}) + \alpha'Z + \gamma'_\theta a + \delta_w \ln(w) + (\varepsilon_\theta + \varepsilon_\mu + \eta) \tag{20}$$

$$\ln l_A/l_B = \ln l = \rho(\alpha_0 + \gamma_{\tau 0}) + \rho\alpha'Z + \rho\gamma'_\tau a + \rho(\delta_w - 1)\ln(w) + \rho(\varepsilon_\tau + \varepsilon_\mu) \tag{21}$$

異時点間代替弾性値 ρ は時点を年齢に置き換えることで，クロスセクションデータを用いても推計可能ではあるが（MaCurdy [1981]，Browning et al. [1999]，黒田・山本 [2007]），『世帯内・世代間調査』では調査対象者年齢を限

---

[12] (17)式の $\tau = \tau_A/\tau_B$ は個人 A の余暇に対するウェイトをさしている．Unitary Model を比較静学で検討すると，

$$\frac{\partial c}{\partial \mu} > 0, \quad \frac{\partial l}{\partial \mu} > 0 \qquad \frac{\partial c}{\partial \theta} > 0, \quad \frac{\partial l}{\partial \theta} = 0 \qquad \frac{\partial c}{\partial \tau} = 0, \quad \frac{\partial l}{\partial \tau} > 0$$

パレートウェイト μ の増加は，消費，余暇時間両方に正の影響を与えており，θ，τ はそれぞれ消費，余暇時間のみに正の影響を与えていると解釈できる．さらに，Distribution Factors Z (z_l, ..., z_D, w) は，相対的な消費 c，余暇時間 l に影響を与えないとなる $\left(\frac{\partial l}{\partial Z} = \frac{\partial c}{\partial Z} = 0\right)$．もし，0 とならなかった場合，Unitary Model は成立しないことを意味する．

定しているため,正確な値を推計するのは困難であると考えられる.ここでは,先行研究で得られている先験的な ρ の値を用いることとする.なお,誤差項群 (ε_θ, ε_μ, η) はそれぞれ独立と仮定する.

上記の2式を誘導型にすると

$$\ln c = \pi_{c0} + \pi'_c Z + \pi'_\theta a + \pi_c^w \ln(w) + \varepsilon_c \tag{22}$$

$$\ln l = \pi_{l0} + \pi'_l Z + \pi'_\tau a + \pi_l^w \ln(w) + \varepsilon_l \tag{23}$$

となり,この2式には以下の制約が課せられる.

$$\pi_l^i = \rho \pi_c^i \qquad \text{for } i = 1, 2 \ldots D^{13)} \tag{24}$$

$$\pi_l^w = \rho(\pi_c^w - 1) \tag{25}$$

Browning and Gørtz [2006] では,先験的にもっともらしい値として ($\rho = 0.05 \sim 0.1$) を用いているが,ここでは,黒田・山本 [2007] が日本のデータである『賃金構造基本統計調査』(厚生労働省) を用いて,実測した結果 (0.14) [14] を採用した.

なお,被説明変数として相対的な比 (自由裁量消費,余暇時間) を用いるのだが,個人A,Bいずれかの対象者の値が0である場合,比は計測できないため,対象者の情報が落ちてしまう.特に本章で扱っている,衣類・はき物費などの自由裁量消費は0円と示されることが多い (Zero Expenditure 問題).夫婦間の (消費,余暇時間) のシェアであれば,どちらかが0円,0時間であっても,対象者を推計に含めることができるが,比は計算できないため,ここでは0円となっている箇所に,Cragg [1971] モデル (補論参照) で推計した推計値を入れて,対象者数が減少するのを防いでいる[15].

---

13) D は Distribution Factors の数 (最大値).
14) 労働時間の弾性値が0.14 (男性),0.13 (女性) となっている.
15) 邦文で Zero Expenditure 問題について詳しい文献として,牧 [2007] が挙げられる.

5. 推計結果

本項では，Seemingly Unrelated Regression Estimation (SURE) を用いて，消費と余暇時間についての回帰分析を行った．

被説明変数として，相対的な自由裁量消費【「衣類・はき物」費＋「教養・娯楽・交際」費】(c_A/c_B)，相対的な余暇時間【趣味・娯楽時間】(l_A/l_B) の対数値2つを，説明変数として，妻・夫の賃金収入（対数値），妻・夫の年齢，妻・夫の就学年数，子ども人数，都道府県別性比（男性30〜59歳人口÷女性30〜59歳人口）[16]，夫方・妻方親同居ダミーを用いている．また，前述した通り，本章の分析では，週当たりの余暇時間ではなく，平日・休日の1日あたりの生活時間を分析の対象としている．

まず，制約なしモデルでの推計結果は，図表1-14，1-15 に表章されている．ここでは，個別の賃金に分割した場合と，相対的な賃金の場合に分けて推計を行った[17]．

その結果，個別の賃金を用いた，モデル1の相対的な自由裁量消費方程式内では，妻の賃金は正に有意となっていることから，妻の賃金収入が高いほど，妻の消費割合が高くなることを示している（図表1-14）．それ以外のDistribution Factors は，妻の年齢は正に，妻の就学年数，妻方実家での同居などは負の係数となっているが，統計的に有意ではなかった．また子どもの人数が多いほど，妻の消費が抑制される結果となっている．

相対的な余暇時間方程式内（平日）では，妻の賃金は負となっており，これは就業時間が長いことによって，余暇時間が削減されていると考えられる．賃金以外の変数は有意とならなかった．

次に，モデル2の自由裁量消費方程式内では，モデル1同様に，妻の賃金は正に，夫の賃金は負に有意に，そして賃金以外の Distribution Factors では有意な結果を得ることができなかった．また，相対的な余暇時間方程式内（休日）では，妻の賃金の係数が負となるものの，統計的に有意な結果とならなか

---

[16] データの出所は平成17年国勢調査の都道府県別データである．
[17] パレートウェイトは相対的な賃金だけではなく，個別の賃金レベルにも依存している．

図表1-14　推計結果1

<u>モデル1</u>

	相対的自由裁量消費比 (妻／夫)				相対的余暇時間比 (妻／夫・平日)			
	係数	標準偏差	z値		係数	標準偏差	z値	
妻賃金(対数値)	0.507	0.232	2.18	**	−0.151	0.042	−3.58	***
夫賃金(対数値)	−1.009	0.349	−2.89	***	0.161	0.063	2.54	**
妻年齢	0.077	0.056	1.37		0.004	0.010	0.38	
夫年齢	−0.022	0.053	−0.42		0.000	0.010	−0.02	
妻就学年数	−0.011	0.143	−0.08		−0.003	0.026	−0.10	
夫就学年数	0.053	0.102	0.52		0.013	0.019	0.72	
子ども人数	−0.420	0.215	−1.95	*	−0.058	0.039	−1.48	
都道府県別男女比	2.903	3.706	0.78		0.007	0.673	0.01	
妻方親同居	−0.517	0.675	−0.77		−0.164	0.123	−1.34	
夫方親同居	−0.386	0.494	−0.78		0.090	0.090	1.00	
定数項	−1.098	4.501	−0.24		−0.637	0.818	−0.78	
#				473				
R^2		0.0464				0.0517		
Correlation of Residual (χ^2)				0.066(3.370)				

<u>モデル2</u>

	相対的自由裁量消費比 (妻／夫)				相対的余暇時間比 (妻／夫・休日)			
	係数	標準偏差	z値		係数	標準偏差	z値	
妻賃金(対数値)	0.496	0.212	2.34	**	−0.004	0.038	−0.09	
夫賃金(対数値)	−0.923	0.330	−2.79	***	−0.065	0.059	−1.10	
妻年齢	0.063	0.054	1.15		−0.002	0.010	−0.21	
夫年齢	−0.002	0.051	−0.04		0.009	0.009	0.93	
妻就学年数	−0.040	0.131	−0.30		0.014	0.024	0.61	
夫就学年数	0.110	0.095	1.16		−0.024	0.017	−1.39	
子ども人数	−0.380	0.198	−1.92	*	−0.069	0.036	−1.93	*
都道府県別男女比	3.788	3.436	1.10		−0.709	0.617	−1.15	
妻方親同居	−0.310	0.640	−0.48		−0.112	0.115	−0.98	
夫方親同居	−0.098	0.451	−0.22		−0.028	0.081	−0.35	
定数項	−3.278	4.250	−0.77		0.676	0.763	0.89	
#				563				
R^2		0.0427				0.0214		
Correlation of Residual (χ^2)				0.055(3.679)				

(注)　***：1%，**：5%，*：10%水準で棄却．

図表1-15 推計結果2

モデル3（制約なし）

	係数	標準偏差	z値		係数	標準偏差	z値	
	相対的自由裁量消費比（妻／夫）				相対的余暇時間比（妻／夫・平日）			
相対的賃金（妻／夫, 対数値）	2.458	0.741	3.32	***	−0.552	0.134	−4.11	***
妻年齢−夫年齢	0.028	0.053	0.54		0.002	0.010	0.21	
妻就学年数−夫就学年数	−0.045	0.098	−0.46		−0.015	0.018	−0.87	
子ども人数	−0.365	0.212	−1.72	*	−0.048	0.038	−1.26	
都道府県別男女比	2.007	3.702	0.54		0.066	0.670	0.10	
妻方親同居	−0.665	0.675	−0.98		−0.178	0.122	−1.45	
夫方親同居	−0.304	0.497	−0.61		0.085	0.090	0.95	
定数項	−1.724	3.774	−0.46		0.038	0.683	0.06	
#				473				
R^2		0.0334				0.0452		
Correlation of Residual（χ^2）				0.0672(3.349)				

モデル4（制約なし）

	係数	標準偏差	z値		係数	標準偏差	z値	
	相対的自由裁量消費比（妻／夫）				相対的余暇時間比（妻／夫・休日）			
相対的賃金（妻／夫, 対数値）	2.229	0.663	3.36	***	0.057	0.119	0.48	
妻年齢−夫年齢	0.008	0.051	0.16		−0.007	0.009	−0.80	
妻就学年数−夫就学年数	−0.100	0.091	−1.10		0.020	0.016	1.22	
子ども人数	−0.302	0.194	−1.55		−0.057	0.035	−1.64	*
都道府県別男女比	3.117	3.446	0.90		−0.790	0.616	−1.28	
妻方親同居	−0.456	0.640	−0.71		−0.134	0.114	−1.17	
夫方親同居	0.005	0.453	0.01		−0.019	0.081	−0.24	
定数項	−3.018	3.537	−0.85		0.478	0.632	0.76	
#				563				
R^2		0.028				0.0144		
Correlation of Residual（χ^2）				0.0344(4.474)				

（注）　***：1%，**：5%，*：10%水準で棄却．

った．週当たり時間を用いた Browning and Gørtz [2006] では，妻の賃金は相対的余暇時間を引き下げる効果があったが，曜日で分けるとその効果も頑健でない可能性が高い．

さらに，説明変数を比・差に置き換えたモデル 3，モデル 4 の結果をみると，前者では，相対的賃金は相対的自由裁量消費に対して正に，相対的余暇時間に対して負に有意となっている（図表 1 -15）．後者では，相対的賃金は相対的自由裁量消費に対して正に有意となり，相対的余暇時間に対しては正となるものの有意とはならなかった．

最後に，賃金，年齢，就学年数のそれぞれに制約（(24)式，(25)式）をかけた推計の結果（Collective Model）を見ると，制約を課したモデル 3 では，子どもの人数が消費に対して負に有意となるのみであった（図表 1 -16）．しかし，モデル 4 では，（相対的自由裁量消費方程式において）相対的賃金が正に，（相対的余暇時間方程式において）相対的賃金が正に，子どもの人数が負に有意となった．制約を課した場合，休日の余暇時間を用いたモデル 4 でのみ，相対的賃金が自由裁量消費，余暇時間に対して，双方とも正に有意となり，Distribution Factors による影響をみることができた．この結果は，妻の賃金比が，消費には正に，余暇時間には負に有意となる，Browning and Gørtz [2006] の分析結果とは異なっている．その理由として，彼らが用いた生活時間が週当たりにまとめられてしまっていることが原因と考えられる．平日・休日に分割することで，休日に限定して言えば，賃金比が高く，Bargaing Power が強い妻は，余暇時間も消費も夫と比べ相対的に多く得られることが確認できた．

図表1-16 推計結果3

	モデル3（制約あり）					
	係数	標準偏差	z値	係数	標準偏差	z値
	相対的自由裁量消費比 (妻／夫)			相対的余暇時間比 (妻／夫・平日)		
相対的賃金 (妻／夫, 対数値)	0.496	0.610	0.81	−0.070	0.085	−0.83
妻年齢−夫年齢	0.023	0.043	0.54	0.003	0.006	0.54
妻就学年数−夫就学年数	−0.069	0.080	−0.85	−0.010	0.011	−0.85
子ども人数	−0.389	0.214	−1.82 *	−0.042	0.039	−1.09
都道府県別男女比	2.025	3.730	0.54	0.061	0.679	0.09
妻方親同居	−0.614	0.679	−0.91	−0.190	0.123	−1.54
夫方親同居	−0.178	0.500	−0.36	0.054	0.091	0.60
定数項	−1.192	3.799	−0.31	−0.092	0.692	−0.13
#	473					
R^2	0.018			0.019		
Correlation of Residual (χ^2)	0.1766 (1.826)					

	モデル4（制約あり）					
	係数	標準偏差	z値	係数	標準偏差	z値
	相対的自由裁量消費比 (妻／夫)			相対的余暇時間比 (妻／夫・休日)		
相対的賃金 (妻／夫, 対数値)	1.925	0.544	3.54 ***	0.130	0.076	1.70 *
妻年齢−夫年齢	−0.014	0.042	−0.34	−0.002	0.006	−0.34
妻就学年数−夫就学年数	−0.011	0.074	−0.15	−0.002	0.010	−0.15
子ども人数	−0.295	0.194	−1.52	−0.058	0.035	−1.68 *
都道府県別男女比	3.234	3.448	0.94	−0.818	0.617	−1.33
妻方親同居	−0.492	0.640	−0.77	−0.125	0.114	−1.10
夫方親同居	0.014	0.454	0.03	−0.022	0.081	−0.27
定数項	−3.059	3.535	−0.87	0.488	0.632	0.77
#	563					
R^2	0.0259			0.0104		
Correlation of Residual (χ^2)	0.0415 (4.155)					

(注) ***：1％, **：5％, *：10％水準で棄却.

図表1-17　基本統計量

	モデル1, 3 (473人)				モデル2, 4 (563人)			
	平均	標準偏差	最小値	最大値	平均	標準偏差	最小値	最大値
自由裁量消費(妻)	13.28	26.74	0.00	500.00	13.91	26.43	0.00	500.00
自由裁量消費(夫)	10.70	13.64	0.00	126.00	10.75	14.60	0.00	134.00
余暇時間・平日(妻)	1.74	1.08	0.17	8.00	1.61	1.12	0.00	8.00
余暇時間・休日(妻)	3.18	1.98	0.00	10.00	3.12	1.93	0.07	10.00
余暇時間・平日(夫)	2.01	1.19	0.07	8.00	1.76	1.26	0.00	8.00
余暇時間・休日(夫)	4.75	2.66	0.12	12.00	4.57	2.64	0.12	12.00
賃金(妻)	151.70	159.56	50.00	1,500.00	157.80	168.04	50.00	1,500.00
賃金(夫)	523.78	273.53	50.00	2,250.00	526.55	256.83	50.00	2,250.00
年齢(妻)	46.26	7.90	30.00	59.00	45.97	7.97	30.00	59.00
年齢(夫)	48.52	8.50	27.00	69.00	48.21	8.53	28.00	69.00
就学年数(妻)	13.16	1.48	9.00	16.00	13.16	1.50	9.00	16.00
就学年数(夫)	13.72	2.05	9.00	16.00	13.74	2.04	9.00	16.00
子ども人数	2.07	0.87	0.00	5.00	2.09	0.89	0.00	5.00
都道府県別男女比	1.00	0.05	0.90	1.14	1.01	0.05	0.90	1.14
妻方親と同居	0.08	0.28	0.00	1.00	0.08	0.27	0.00	1.00
夫方親と同居	0.17	0.38	0.00	1.00	0.18	0.38	0.00	1.00

6. おわりに

　本章では，共働き世帯の余暇時間と消費の分配に関する分析を行った．記述統計量からの分析では，夫がフルタイム就業の場合は，妻の就業形態により，家事・育児時間に違いが表れるが，大きな差はなく，たとえ夫がパート就業，無業であっても，夫の家事・育児時間は，妻の家事・育児時間を超えることはなく，一方で夫の趣味・娯楽時間は，妻の趣味・娯楽時間を超えており，まさにダブル・シフトが強いられている状況にあった．この結果は，回帰式（制約なしモデル）においても同様で，Distribution Factorsの1つである，夫婦間における相対的な賃金（妻／夫）が高まっても，平日の余暇時間は減少している（おそらく家事育児時間が固定的であるため）．しかしながら，制約ありモデル（Collective Model）を用いると，休日では，相対的余暇時間（妻／夫）を増加させており，所得の源泉が世帯内の時間配分に影響することが確認できた．

　それだけではなく，相対的な賃金は，相対的な自由裁量消費比（「衣類・はき物」費＋「教養・娯楽」費，妻／夫）にも正の効果をもっており，妻の相対的な

賃金が高まることで，より多くの自由裁量消費，余暇時間を享受していることが確認された．

今後，仕事と家庭の両立支援策（短時間勤務制度，育児・介護休業制度など）の普及が，女性の就業継続を促進させ，さらには，結婚相手として，家事・育児に協力的な男性が選ばれる傾向が強まると，一層，世帯内における Bargaing Power の重要性は高くなるように思われる．今後の家計調査においては，世帯単位ではなく，世帯構成員各員に関する情報が必要といえる．

補　論

第一段階で，消費額が0円より大きい回答しているかどうかについての選択方程式（プロビットモデル，$C_i^* = Z_i \gamma + u_i$）を

$$Pr(C_i^* > 0 \mid X) = \Phi(Z_i \gamma / \sigma_u) \qquad (\text{補-}1)$$

とする．σ_u は選択方程式（（補-1）式）の誤差の標準偏差をさしている．

第二段階で，消費額を回答しているものの行動方程式（切断回帰モデル，$C_i = X_i \beta + \varepsilon_i$）を推計する．

$$E(C_i \mid X_i, C_i^* > 0) = X_i \beta + \sigma_\varepsilon \lambda \qquad (\text{補-}2)$$

σ_ε は行動方程式（（補-2）式）の誤差の標準偏差，λ は（補-1）式から推計した逆 Mills 比をさしている．

参考文献

Apps, Patricia F. and Ray Ress [2005] "Gender, Time Use and Public Policy over the Life Cycle," IZA Discussion Papers 1855, Institute for the Study of Labor (IZA).

Bertrand, Marianne, Sendhil Mullainathan and Douglas Miller [2000] "Public Policy and Extended Families: Evidence from South Africa," *NBER Working Papers* 7594, National Bureau of Economic Research, Inc.

Blundell, Richard, Pierre-André Chiappori, Thierry Magnac and Costas Meghir [2007] "Collective Labour Supply: Heterogeneity and Nonparticipation," *Review of Economic Studies*, 74(2), 417-445.

Browning, Martin, Francois Bourguignon, Pierre-André Chiappori and Valèrie [1994] Lechene "Income and Outcomes: A Structural Model of Intrahousehold Allocation," *Journal of Political Economy*, 102(6), 1067-96.

Browning, Martin and Pierre-André Chiappori [1998] "Efficient Intrahousehold Allocation," *Econometrica*, 66(6), 1241-78.

Browning, Martin, Pierre-André Chiappori and Valérie Lechene [2006] "Collective and Unitary Models,: a Clarification," *Review of the Economics of the Household*, 4(1), 5-14.

Browning, Martin; Hansen, Lars, Peter; Heckman, James [1999] "Micro Data and General Equilibrium Models," *Handbook of Macroeconomics*, Vol. 1A, North-Holland, 543-633.

Browning, Martin; Gørtz, Mette [2006] "Spending Time and Money within the Household," *Economics Series Working Papers* 288, Department of Economics, University of Oxford.

Chiappori, Pierre-André [1988] "Rational Household Labor Supply," *Econometrica*, 56(1), 63-90.

Chiappori, Pierre-André [1992] "Collective Labor Supply and Welfare," *Journal of Political Economy*, 100(3), 437-67.

Chiappori, Pierre-André, Bernard Fortin and Guy Lacroix [2002] "Marriage Market, Divorce Legislation, and Household Labor Supply," *Journal of Political Economy*, 110(1), 37-72.

Cragg, John [1971] "Some Statistical Models for Limited Dependent Variables with Application to the Demand for Durable Goods," *Econometrica*, 39(5), 829-44.

Hochschild, Arlie [1989] *The Second Shift*, New York: Penguin. [1990] 田中和子訳『セカンド・シフト――アメリカ 共働き革命のいま』朝日新聞社.

Ichino, Andrea and Anna Sanz de Galdeano [2005] "Reconciling Motherhood and Work. Evidence from Time Use Data in Three Countries," in Hamermesh, Daniel, Gerard, Pfann, eds., *The Economics of Time Use*, Amsterdam, Elsevier, 263-88.

Lundberg, Shelly, Robert Pollak and Terence Wales [1997] "Do Husbands and Wives Pool Their Resources? Evidence from the United Kingdom Child

Benefit," *Journal of Human Resources*, 32(3), 463-80.

MaCurdy, Thomas [1981] "An Empirical Model of Labor Supply in a Life-Cycle Setting," *Journal of Political Economy*, 89(6), 1059-85.

McElroy, Marjorie, B. [1990] "The Empirical Content of Nash Bargained Household Behavior," *Journal of Human Resource*, 25(4), 559-83.

Quisumbing, Agnes and John Maluccio [2000] "Intrahousehold Allocation and Gender Relations: New Empirical Evidence," FCND Discussion Paper No. 84. International Food Policy Research Institute.

Schultz, T. Paul [1990] "Testing the Neoclassical Model of Family Labor Supply and Fertility," *Journal of Human Resources*, 25(4), 635-64.

黒田祥子・山本勲 [2007]「人々は賃金の変化に応じて労働供給をどの程度かえるのか？――労働供給弾性値の概念整理とわが国のデータを用いた推計」『金融研究』, 26(2), 1-40.

小原美紀 [2007]「夫の離職と妻の労働供給」, 林文夫編『経済制度の実証分析と設計 第1巻――経済停滞の原因と制度』勁草書房, 325-340.

津谷典子 [2000]「ジェンダーからみた就業と家事――日本と韓国とアメリカの比較」『人口問題研究』, 56(2), 25-48.

津谷典子 [2002]「男性の家庭役割とジェンダー・システム――日米比較の視点から」阿藤誠・早瀬保子『ジェンダーと人口問題』大明堂, 167-210.

樋口美雄 [2001]『雇用と失業の経済学』日本経済新聞社.

牧厚志 [2007]『消費者行動の実証分析』日本評論社.

水野谷武志 [2005]『雇用労働者の労働時間と生活時間――国際比較統計とジェンダーの視角から』御茶の水書房.

第2章　家計内交渉と家計の消費変動*)

小原　美紀

1. はじめに
──個人にとっての最適行動と家計全体にとっての最適行動

　何かを決定するとき，選択可能な範囲の中で決定により得られる利得が最大になるように選択する方法がある．将来の出来事は不確実であるから，将来時点にわたり期待できる利得を予想される制約について最大化することで最もよい決断をする方法である．この時，将来のどの時点でどのような状況が起こったとしても利得が大きく変動しないようにするという行動が描かれる．消費することから利得を得ると考えれば，どのようなショックが起こったとしても消費が大きく増減しないようにするのが最適な行動になる．これは消費の平準化仮説と呼ばれ，さまざまな国や時代のデータを用いて検証されてきた．これまでのところ，仮説は多くの場合棄却されており，家計はショックに直面すると消費を変化させざるを得ないと考えられている．

　消費の平準化仮説を含み家計行動を説明するモデルの多くは，家計という「1人」の主体が消費のみからなる生涯効用を生涯予算制約について最大化すると考える．しかしながら，家計は多くの場合1人では形成されていない．家計を構成する世帯員の存在を認めると，家計全体が受けるショックに対して消費が落ち込まないようにする方法は複数考えられる．Pijon-Mas [2006] や Attanasio, Sanchez-Marcos and Low [2006]，Low [2005] は，夫の所得変動に対して妻が労働供給を変化させたり，家計が予備的な貯蓄行動を変化させることで対応することを示している．

---

*)『世帯内分配・世代間移転に関する研究』プロジェクトの委員，特に坂本和靖氏から有益なコメントをいただいた．ここに記して感謝したい．

家計が労働供給を変更させたり予備的貯蓄額を変更することで，ショックに対して消費が大きく変動しないようにしているとすれば，家計行動を説明するのに家計内の各世帯員の行動が重要な役割を果たす．労働供給を変えるのは多くの場合余剰労働者となっている妻であり，妻個人をかこむ要素が決定を左右する．また，意思決定をする世帯員がリスク回避的であるかどうかは予備的貯蓄の決定を変え得る．家計内の誰がどのように意思決定を行っているかが，家計全体の消費行動を規定する重要な要素となる．

　家計を「1人」の経済主体のように捉える Unitary Model ではなく，家計の中の経済主体（例えば夫や妻）の行動を明示的に取り入れるモデルとして，近年，Collective Model が注目されている．このモデルでは，1つの効用関数を1本の予算制約について最大化する Unitary Model と異なり，世帯員がそれぞれ別の効用関数をもち，家計は各人の効用にウェイトをつけて足し合わせた家計全体の効用を家計全体の予算制約について最大化すると考える．ウェイトは各世帯員の効用が家計全体としてどれぐらい重要であるかを示すもので，世帯員間の交渉関係を表す変数の影響を受ける．

　交渉関係を表す変数には，妻が夫よりも相対的に所得が高い，非労働所得が高いといった2人の間の交渉力に影響を与えるものが考えられる．また，離婚した場合に妻と夫それぞれが直面する条件といった2人が交渉をやめた場合の利得を変えることで交渉に影響を与えるとされる．これらは互いの効用自体を変えるものではないし，2人の合計所得が一定だとすれば家計の予算制約にも影響しない．しかしながら，これらは価格や総支出とともに各人の効用を決めるウェイトを変えることで財の需要に影響する．より強い交渉力をもつ世帯員や良い外部機会を持つ世帯員ほど消費シェアが高い可能性がある．

　このように，Collective Model では，家計内の世帯員は交渉をしているが，同時に家計全体としては協力し効率的な配分を達成している．Unitary Model の場合と同様に，家計はそれぞれに起こるショックを補完しあうことで消費が減少しないようにする．言い換えれば，Collective Model が示す家計は，家計内では所得減少を受けた世帯員の消費シェアは減少するかもしれないが，世帯員が受けたショックに対して家計全体の消費を平準化させることになる[1]．

　Collective Model を取り入れても家計が消費を平準化することに変わりない

にもかかわらず，なぜ協力している世帯員の交渉を取り入れることが重要なのだろうか．第一に，交渉関係は家計行動を説明する重要な要素である可能性がある．Unitary Model を棄却し，協力しつつ交渉するモデルを支持する先行研究が存在し，また，経済学以外の分野では夫婦それぞれをかこむ環境が夫婦それぞれの決定に影響すると考えることはめずらしくない．交渉関係が重要であるならば，これを考慮せずに消費の平準化仮説を検証するのは不適切であろう．第二に，消費の平準化に関する研究は蓄積が多いが，家計内の交渉を取り入れた分析は未だ十分に分析されていない．

本章では，家計内交渉およびそれを取り入れた場合の家計の消費の平準化行動に関する近年の先行研究をサーベイし，分析モデルを紹介する．そして，交渉を考慮した消費の平準化行動に関して日本における検証を行う．Collective Model を考慮しながら消費の平準化仮説を検証したものは，日本では存在していない．また，交渉関係を表す変数として計量分析上問題が多いとされる（非）労働所得以外の変数で交渉力を捉えた分析は他国においても数が少ない．本章は，2006 年 10～12 月に財団法人家計経済研究所が実施した『世帯内分配と世代間移転に関する研究』調査における調査回答を用いることで，より適した変数により日本家計についての検証を行う．

計量分析の結果，家計内構成員間の交渉を考慮しても家計は予期されるショックに対して消費変動を抑制することができないことが示される．家計は最適な消費行動を行うことができない．分析では同時に，家計内の交渉を左右する変数が家計の消費行動に影響を与えることが示される．既婚女性に不利な社会環境や労働市場の環境，政策変更は家計単位での消費決定，よって社会全体の消費に影響する可能性がある．

以下，第 2 節で家族内の交渉と消費の平準化に関する先行研究を紹介し，第 3 節で先行研究が行っている検証モデルをまとめる．第 4 節以降で日本のデータを用いた検証を行う．データは第 4 節で紹介され，計量分析の結果は第 5 節に示される．第 6 節で全体をまとめる．

---

1) 本章は家計全体の消費の平準化行動に注目している．家計内リスクシェアリングについては，第 3 章が家計内消費配分のデータを使った詳細な分析を行っている．

2. 家計内交渉と家計の消費行動に関する実証研究

　家計内世帯員の行動決定は，経済学の枠組みにおいては複数のモデルで分析されている．McElroy and Horney [1981] や Manser and Brown [1980] は Nash-Bargaining による家族内交渉を描き，Chen and Woolley [2001] などは非協力ゲームとして家族内交渉を説明している．これに対して，家族は１つの組織として協力して家計行動を決定していることを前提に，背後では世帯員がそれぞれの効用をもち世帯員間で交渉を行うと考えるものもある．Chiappori [1988] [1992] や，Browning and Chiappori [1998]，Apps and Rees [1988] [1997] は，Collective Model と呼ばれる設定で行動のメカニズムを説明する．

　Collective Model は，交渉のかたちを指定せず，家計が何らかの方法で決定する解がパレート効率的になる——消費や余暇（労働供給）といった選択決定が，家計のどの世帯員にとっても他の世帯員の厚生を下げることなしに自分の厚生を上げることができない状態である——ことを示している．さまざまな表記方法があるが，１つの効用関数を１本の予算制約について最大化する Unitary Model と異なり，世帯員がそれぞれ別の効用関数をもち，家計は各人の効用にウェイトをつけて足し合わせた家計全体の効用を家計全体の予算制約について最大化すると考えることが多い．ウェイトは各世帯員の効用が家計全体としてどれぐらい重要であるかを示すもので，価格や総収入（総支出）といった予算制約を定める変数に加えて，世帯員間の交渉関係を表す変数がこれに影響する．

　はじめに記したように，妻が夫よりも相対的に所得が高い，非労働所得が高いといったことは２人の間の交渉力（Bargaining Power）に影響を与えるとされる．また，離婚した場合の条件は２人が婚姻状態で交渉することをやめた場合の利得を変えることで交渉に影響を与えるとされる（Outside options, Outside opportunities）．交渉力や交渉の外部機会は互いの効用自体を変えるものではないし，２人の合計所得が一定だとすれば予算制約にも影響しない．これらは Distribution Factors（Browning, Bourguignon, Chiappori and Lechene [1994]）や，Extrahousehold Environmental Parameters（McElroy [1990]）と呼ばれる．

夫婦の交渉関係を変えるものは，世帯員の効用にかかるウェイトを変えることで財の需要に影響する．一方，交渉関係を考えないモデルでは，家計の総収入が一定である限り夫婦の所得差は消費シェアには影響しない可能性が高い．これは Income Pooling と呼ばれる．Collective Model の場合，より強い交渉力をもつ世帯員や良い外部機会をもつ世帯員ほど消費シェアが高い，すなわちIncome Pooling は行われない可能性が高い[2]．

Browning, Bourguignon, Chiappori and Lechene ［1994］は，夫婦の年齢差や所得差を交渉関係を表す変数として，妻と夫の消費配分の決定について Collective Model が支持されることを示している．Chiappori, Fortin and Lacroix ［2002］は，アメリカにおける離婚に関する法制度の地域差などを交渉関係を表す変数として，妻と夫の余暇配分に関する Collective Model のインプリケーションを支持している．オランダのデータを用いた Vermeulen ［2005］や，フランスのデータを用いた Donni and Moreau ［2007］，イギリスのデータを用いた Blundell, Chiappori, Magnac and Meghir ［2007］でも Collective モデルのメカニズムを支持している．日本については，坂本（第 1 章）が本章と同じデータによる分析を行い，Collective Model の設定が否定できないことを示している．

Collective Model が正しいとすると，それを取り入れることが政策的に重要となる．互いの交渉関係を左右する政策や環境要因が互いの消費行動に影響するからだ．例えば，離婚した場合の年金の受け取りが女性にとって有利になるということが現在の家計貯蓄（消費）に影響するといったことを議論できる．世帯間で交渉が行われない Unitary Model では，交渉関係を決定する要因が消費行動に与える影響を明示的に説明するのは難しい[3]．

ここで，Collective Model のもとでは，家計内の世帯員は交渉をしているが，家計全体としては効率的な配分を達成する，すなわち協力して最適な配分を達

---

2) ただし，Income Pooling の存在は必ずしも Unitary Model の成立や Collective Model の非成立を意味しない．Income Pooling が成立しない Unitary Model や，Income Pooling が成立する Collective Model もある．相対（非労働）所得比が交渉関係を表すとは限らないし，これが交渉関係を表しているとして消費シェアに影響しなくても，他の交渉関係が影響するかもしれないからである．また，相対所得が家計の選好パラメータであるならば，Unitary Model でも相対所得は配分決定に影響する．モデルの選択については Browning, Chiappori and Lechene ［2006］を参照．

成することに注意されたい．Unitary Model の場合と同様に，家計はそれぞれに起こるショックを補完しあうことで消費が減少しないようにする．つまり，Collective Model が示す家計は，たとえば，所得減少を受けた世帯員の消費シェアは減少するかもしれないが，世帯員が受けた所得ショックに対して家計全体の消費を平準化させる（Income Pooling は行っていないかもしれないが，Income Shock に対する Risk Sharing を行う）ことになる．

　Dercon and Krishnan [2000] は，エチオピアのデータを用いて Collective Model を取り入れた消費の平準化仮説の検定を行い，特に貧しい家計において仮説が棄却されることを示している．Mazzocco [2007] は Collective Model の枠組みにおいて，将来時点では夫婦として協力しない（離婚する）可能性を認めた場合の検定仮説を導出し，将来時点の協力の確約がない Collective Model が成立するとしている．また，これらの分析に関連した先行研究として，Mazzocco [2004] は夫婦のリスクに対する選好の差が家計の消費平準化行動に影響を与えることを指摘している．Browning [2000] はカナダの家計データを用いて，夫婦が将来に対して異なる割引率をもつときに家計の貯蓄行動が異なることを示している．

3. 家計内交渉を考慮した家計の最適消費決定モデル

　Derecon and Krishnan [2000] や Mozzocco [2004][2007] は，夫婦がそれぞれ異なる効用をもちながら家計全体の効用を最大化することで最適な消費行動を説明している．この節では，Mazzocco [2007] の説明を簡単にまとめることで計量分析モデルを導出する．詳しくはこれらの研究を参照されたい．

　妻と夫からなる家計を考える．2人は期間 t の状態 ω において，それぞれ y_i を受け取り，c_i を消費する（$i=1,2$；妻と夫）．それぞれの消費財はどの状態においても夫婦同じ価格 p で買うことができるとする．2人はこの消費から

3）前述のとおり，交渉関係を左右する要因が消費行動に影響を与えるかどうかの検定だけでは，Unitary Model と Collective Model のどちらが妥当であるのかを結論することはできない．ここでは，どちらのモデルが成立するかで政策的含意が変わるという意味ではなく，Collective Model であれば政策が家計行動に影響することを明示的に説明できるという意味で重要だと考える．

別々の効用（u_i）を得ている．2人はまた一緒に資産への投資 N を行う．この資産は収益に関するリスクが無いとし，純収益率は R と書けるとする．

家計は家計全体として生涯にわたる期待効用：

$$\hat{V} = \mu(z) \cdot E_0 \left[\sum_{t=0}^{T} \beta_1^t u_1(c_{1,t}; \theta_t) \right] + (1-\mu(z)) \cdot E_0 \left[\sum_{t=0}^{T} \beta_2^t u_2(c_{2,t}; \theta_t) \right] \quad (1)$$

をもつとする．θ は選好パラメータである．μ は家計全体の効用のうち妻と夫の効用をどれだけ割引くかを表すパレートウェイトで，0 から 1 の間をとり時間に依存しない．このウェイトは，価格や総収入（総支出）といった予算制約を規定する外生変数に加えて世帯員間の交渉関係を表す変数 z に依存する．以下では z を Distribution Factors (DF) と呼ぶ．

家計が直面する予算制約は，すべての t と ω において，

$$N_t \leq R_t N_{t-1} + (y_{1,t+1} + y_{2,t+1}) - (p_t c_{1,t} + p_t c_{2,t}) \quad (2)$$

と書ける．終点においてはすべての状態について $N_T \geq 0$ が成立する．合理的な家計は生涯にわたって書かれる(2)式の予算制約について(1)式を最大化することで最適な $c_{1,t}, c_{2,t}, N_t$ を決定する．最大化問題の消費に関する解から，いくつかの仮定の下でオイラー方程式と呼ばれる異時点間の消費変化を表す関係：

$$V_C(C_t, \mu(z); \theta_t) = \beta E_t [V_C(C_{t+1}, \mu(z); \theta_{t+1}) R_{t+1}] \quad (3)$$

が示される[4]．

ここで 3 つの点に注意しておく．第一に，交渉関係を取り入れない場合とは以下の相違がある．通常の経済学のモデルで扱われるように，家計を 1 人の個人として書く Unitary Model では，家計は生涯にわたる期待効用：$E_0 [\sum_{t=0}^{T} \beta^t u(C_t; \theta_t)]$ を，すべての t と ω について書かれる制約：$N_t \leq R_t N_{t-1} + y_{1,t+1} + y_{2,t+1} - p_t C_t$ について最大化する．この解から導かれる消

---

[4] ここでは効用関数は時間と状態について加法分離的であるとしている．家計は全ての時点の全ての状況について $\hat{V}(C, \mu(z)) = \max \mu(z) \beta_1 u_1(c_1; \theta) + (1-\mu(z)) \beta_2 u_2(c_2; \theta)$ を求めることになる．ここで，$pc_1 + pc_2 = pC$，$\mu(z) = \mu_1(z)/\mu_2(z)$ としている．すなわち，ここでの最大化問題は，全ての時点の全ての状況において，$N_t \leq Y_t + R_t N_{t-1} - p_t C_t$ のもとで $E_0 [\sum_{t=0}^{T} \beta^t V(C_t, \mu(z); \theta_t)]$；$V = \hat{V}(C_t, \mu(z))/\beta^t$，$\beta = \mu \beta_1 + (1-\mu) \beta_2$ を最大化することに等しくなる．

費に関するオイラー方程式は，

$$V_C(C_t; \theta_t) = \beta E_t[V_C(C_{t+1}; \theta_{t+1})R_{t+1}] \quad (4)$$

と書ける．(3)式と(4)式を比較すると，Collective Model を取り入れたとしても，オイラー方程式のインプリケーションは変わらない．すなわち，来期の消費から得る限界効用と今期の消費から得る限界効用が等しくなるように消費配分を決定する——今期の消費1単位から得られる満足度が，今期消費を1単位我慢して来期にまわすことから得られる満足度に等しくなるように消費を配分する．そして，異時点間での消費配分（消費変動）に予期されたショック（たとえば所得変動）は影響しない．Collective Model を取り入れたとしても，合理的な家計は予測される事態に対して消費変動を抑えるように消費配分を行うことになる．

一方で，Unitary Model とは異なり，Collective Model の表記を取り入れた場合（(3)式で）は，消費に関する限界効用はパレートウェイト μ，よって交渉関係を表す変数 z に依存する．すなわち，交渉関係を表す変数が各自の限界効用に影響を与える．通常，μ は観察されないが z は観察することができるので，z が異時点間の消費変動に与える影響を考察することができる．

2点目に，Collective Model ではしばしば，個人消費のほかに家族共通の消費が存在するとし，それぞれの効用は個人消費と共通消費から得られると考える．本章は後半で利用するデータに共通消費の異時点間の変動に関する情報が含まれていないため，これを落として表記している．効用関数において共通消費と個人消費は分離可能で互いが限界効果に与える影響はない（交差微分がゼロである）とすれば，共通消費はなくても個人消費に関するインプリケーションは同じになる．

3点目に，オイラー方程式は異時点間のトレードオフ関係を表すものであり，導出の際，時間によって変化しない変数は落とされる．よって，Collective Model の設定が正しいかどうかを検証する場合に注目される，交渉関係を表す変数 z が各時点で妻や夫の消費配分に与える影響はオイラー方程式を分析する際には観察できない．分析の主眼は家計が全体とし最適な消費配分を行っているかどうかであり，家計内でどのような最適配分の決定を行っているかでは

ない．

　(3)式に基づき，家計の最適消費行動を検定する仮説を導出する．家計が合理的期待形成を行っているとすると，(3)式は $[V_C(C_{t+1}, \mu(z))/V_C(C_t, \mu(z))]\beta R_{t+1} = 1 + e_{t+1}$ と書ける．e_{t+1} は期待誤差である．計量分析のため，効用関数を特定化する（ここでは相対的危険回避度が一定の効用関数を考え，対数をとることで線形化する）．V_c は2階連続微分可能であるとし2次のテイラー展開をすると，

$$\ln\frac{C_{t+1}}{C_t} = a_0 + a_1\left(\left(\ln\frac{C_{t+1}}{\overline{C}}\right)^2 - \left(\ln\frac{C_t}{\overline{C}}\right)^2\right) + \sum_{i=1}^{2} b_i(\hat{z}_i \cdot \ln\frac{C_{t+1}}{C_t}) + \varepsilon + \ln e_{t+1} \quad (5)$$

と書ける．$\overline{C}$ は期待値（平均値を用いる），$\hat{z}$ は $z - \bar{z}$（$\bar{z}$ は期待値）である．ε は展開の残差で，$\varepsilon + \ln e$ を確率誤差とする．β は時間に依存しないと仮定している．また，次節で説明するように，本章で使用するデータの制約により1時点の変化しか捉えられないため，$\ln R_{t+1}$ は定数項に吸収される．

　夫婦間の交渉を取り入れたことで，交渉関係が消費の変化を通して影響する項 $\left(\hat{z}_i \cdot \ln\frac{C_{t+1}}{C_t}\right)$ が入っている．交渉関係を表す z は時間によって変化しないが，時点が変われば直面する状況が変わるので，異時点間で配分する消費は z に応じて変わる．すなわち，交渉関係が重要である場合，直面する状況が変わることによる消費配分の変化を反映して，交渉関係が消費の変化率を変えることになる．$b_1 = b_2 = 0$ であれば交渉関係は消費の変化を説明せず，交渉を捉えない消費の平準化モデルと同じとなる．

　(5)式に基づいて消費の平準化仮説を検証する．家計が合理的な最適行動をとるならば，t 期の時点で既知の情報は消費の変動には影響しない．よって，t 期の情報と予想される変動を取り除いた消費変動（(5)式の誤差）は相関しない．これは，家計が将来ショックを予想するのに使う t 時点での情報と誤差との直行条件を検定することに等しい．GMM を用いてこの条件の成立を検定する．

　別の検定方法として，家計が予期していなかった所得変動を説明変数の1つに加え，それが消費の変動を説明するかどうかで仮説の妥当性を検定することも可能である．しかしながら，Collective Model を取り入れる場合，所得変動

と相関が高い変数（例えば妻と夫の所得レベル）を交渉関係を捉える変数として説明変数に取り入れるため，説明変数として所得変動を同時に入れることは問題になる．本章では追加的にこの方法でも検証してインプリケーションが変わらないことを確認するが，結果は補表として掲載するにとどめる．

Mazzocco［2007］が指摘するように，世帯員は将来時点においても協力関係を保ち続けるとはかぎらない．協力関係が破綻するかもしれない可能性を考えると，交渉関係は消費変動を通した影響以外にも影響をもつ．たとえば交渉関係を表す変数が妻に有利なように変化したとき，以前と同じように妻が婚姻状況を選び続ける（協力し続ける）ためには，消費水準から妻が得る効用が変わり，妻の交渉関係が強くなる必要がある．すなわち，消費レベルを通した影響 $\left(\hat{z}_i \cdot \ln \frac{C_{t+1}}{C}\right)$ と交渉関係そのものが与える影響 $(\hat{z}_i, \hat{z}_1\hat{z}_2)$ が新たに消費変動を説明する．(5)式と同じ表記をすれば，

$$\ln\frac{C_{t+1}}{C_t} = a_0 + a_1\left(\left(\ln\frac{C_{t+1}}{C}\right)^2 - \left(\ln\frac{C_t}{C}\right)^2\right) + \sum_{i=1}^{2} b_{1,i}\left(\hat{z}_i \cdot \ln\frac{C_{t+1}}{C_t}\right) + \sum_{i=1}^{2} b_{2,i}\left(\hat{z}_i \cdot \ln\frac{C_{t+1}}{C}\right)$$
$$+ \sum_{i=1}^{2} b_{3,i}\hat{z}_i + b_4(\hat{z}_1\hat{z}_2) + \varepsilon + \ln e_{t+1} \tag{6}$$

と書ける．ここでも，家計内での交渉に関する変数が家計消費を説明するかどうか：$b=0$ が注目される．また，家計が消費を平準化しているかどうかを見るために，t 期の情報と消費変動が相関しないかどうかが検定される．ただし，(6)式に基づく計量分析では，類似の変数が多数説明変数に盛り込まれるため変数間の識別が難しいことや，説明力を高めない変数が盛り込まれてしまうこと，多くの操作変数が必要になることなどの欠点をもつ．この点については第4節で結果を示す際に再度述べる．

4. 家計内交渉と家計の最適消費行動に関する分析データ

分析には，他の章と同様に，2006年10～12月に財団法人家計経済研究所が実施した『世帯内分配と世代間移転に関する研究』調査（以下，本調査と呼ぶ）を利用する．調査概要については序章を参照されたい．

図表 2-1　使用する変数の定義

変数名	定義
$\ln(c_{t+1}/c_t)$	家計の消費変化率（調査項目として直接成長率を尋ねた回答値）
	交渉関係を表す変数：z(Distribution Factors)
	1. 予想所得を使う場合
We,h	夫の①来期の予想労働所得，②非労働所得，③①②の変化率：いずれもカテゴリーデータであり，中央値を使用．
We,w	妻の①来期の予想労働所得，②非労働所得，③①②の変化率：いずれもカテゴリーデータであり，中央値を使用．
We,h^2	夫に関する①②③の二乗項
We,w^2	妻に関する①②③の二乗項
We,h * We,w	夫に関する①②③と妻に関する①②③の交差項
We,h*ln(c_{t+1}/c_t)	夫に関する①②③と「消費の変化率」との交差項
We,w*ln(c_{t+1}/c_t)	妻に関する①②③と「消費の変化率」との交差項
We,h*ln(c_{t+1}/C)	夫に関する①②③と［$t+1$期の消費を平均消費で割り対数をとったもの］との交差項
We,w*ln(c_{t+1}/C)	妻に関する①②③と［$t+1$期の消費を平均消費で割り対数をとったもの］との交差項
	2. 予想所得以外を使う場合
DF	①妻の学歴が夫の学歴よりも高いかどうか，②妻の年齢が夫の年齢よりも高いかどうか，③妻の親の資産が夫の親の資産よりも高いかどうか，④妻の親の収入が夫の親の収入よりも高いかどうか，⑤妻の親が夫の親よりも"豊か"であるかどうか，いずれも調査回答よりダミー変数として作成．
DF*ln(c_{t+1}/C)	上記DF①～⑤と「消費の変化率」との交差項
DF*ln(c_t/C)	上記DF①～⑤と［$t+1$期の消費を平均消費で割り対数をとったもの］との交差項
	コントロール変数
$\ln(c_{t+1}/C)^2$ $-\ln(c_t/C)^2$	［$t+1$期の消費を平均消費で割り対数をとったもの］の2乗値から［t期の消費を平均消費で割り対数をとったもの］の2乗値を引いたもの．
△kid	t期から$t+1$期にかけた子供の数の変化
△work_husband	t期から$t+1$期にかけた夫の働き方：働きはじめた場合1，失業した場合1，変わらない場合0
△work_wife	t期から$t+1$期にかけた妻の働き方：働きはじめた場合1，失業した場合1，変わらない場合0
	操作変数
t期開始前までに経験したショック	家計を形成してからt期開始前までに災害にあったかどうか，夫が失業したかどうか，長期入院の有無，調査時点におけるこれまでの経験の有無と，調査年，その前年，2年前の経験が回答されている．これらから，t期開始前までに経験したダミー変数に関する変数を作成．
その他	結婚年数，夫の学歴と年齢，妻の学歴と年齢，上記のt期開始前までに経験したショックと夫の学歴との交差項

各変数は以下のように作成する（図表2-1に定義をまとめている）．被説明変数には家計の消費変化率を用いる．本調査では，「昨年1年間のあなたの世帯全体の生活費の合計は一昨年と比べてどう変化しましたか」について尋ねている．回答は20％以上減少，10～20％減少，5～10％減少，0～5％減少，ほとんど変わらなかった，0～5％増加，5～10％増加，10～20％増加，20％以上増加までの9カテゴリーから1つ選択される．分析のために，各カテゴリーの中央値に変換する（最初と最後については -0.2 と $+0.2$ とする）[5]．

交渉関係を表す変数 z には，大きく分けて2つのタイプの変数を用いる．1つ目は夫婦の所得レベルである．これは先行研究で最も多く使われる交渉関係を表す変数の1つである．ただし，(5)式もしくは(6)式の推定にあたり，消費の平準化仮説が成立していなければ，家計の所得変動は家計の消費変動に影響する．そして所得変動は所得レベルと相関している可能性がある．すなわち，交渉関係を表す変数として所得レベルが消費変動に影響しているのか，消費の平準化仮説を棄却するものとして所得変動が消費変動に影響しているのかを識別するのは難しい．

もちろん，家計の所得変動は個人の所得変動とは異なるし，所得変動は所得レベルとは異なるので，妻と夫それぞれの所得レベルを用いることで問題は小さいとも言える．本章の分析では，この問題をより小さくするために消費と同じ時点の所得ではなく，妻と夫それぞれの予想労働所得レベルを用いる．交渉関係が時点に応じて変わらないのであれば，相対的に所得の高い妻（もしくは夫）であることをどの時点で判断しても問題ない．本調査では妻と夫それぞれについて，昨年1年間の税引き収入額に加えて，今年どれだけ変化すると予想しているかを尋ねている．これら2つの情報から妻と夫の「予想労働所得」を求める．調査では，また，妻と夫それぞれの昨年1年間の勤労収入額を尋ねている．これを昨年1年間の税引き収入額から除くことで非労働収入が分かる．非労働収入の変化率は分からないが，先述の「今年どれだけ変化すると予想しているか」と同じ変化率だと仮定して，妻と夫の「予想非労働収入」を求める．さらに，妻と夫それぞれの「予想所得変化率」そのものを用いることも可能で

---

[5] 消費の変化率はこの1期間（連続する2時点）しか分からない．

ある．これら3つを交渉関係を表す所得変数とする[6]．

　交渉関係を捉える2つ目のタイプの変数は，先行研究のいくつかで交渉関係を捉える変数として扱われているものである．ここでは，「妻の学歴が夫の年齢よりも高いかどうか」「妻の年齢が夫の年齢よりも高いかどうか」を妻が夫よりも交渉力が高いことを表す変数とする．また，親が豊かであるかどうかは離婚時の利得を変えると考えられる．調査回答により「妻の親が夫の親よりも所得を持っているかどうか」「妻の親が夫の親よりも資産を持っているかどうか」「妻の親が夫の親よりも生活水準が高いと考えられるかどうか」が分かる．それぞれについて，当てはまれば1，当てはまらなければ0となるダミー変数として作成し，説明変数に入れる．

　操作変数には，家計にとって調査の開始前までに既知であり，将来家計に起こり得るショックを予想するのに使われる変数を作成する[7]．本調査では，災害にあったことがあるかどうか，長期入院をしたことがあるかどうか，夫が失業したことがあるかどうか，妻が失業したことがあるかどうかについて，調査時点におけるこれまでの経験の有無を尋ねている．同時に，調査年とその前年，2年前の出来事を尋ねている．これらの情報から，これまでに経験が有り，かつ調査の前年までにその経験がない場合を調査開始前までに経験した者と考えて，「災害経験」「長期入院経験」「妻と夫の失業経験」の有無に関するダミー変数を作成する．加えて，結婚年数，夫の学歴と年齢，妻の学歴と年齢，および先述の「調査開始前までの経験」と夫の学歴との交差項を使用する．

　このように多くの操作変数が必要になるのは，(6)式の推定において交渉関係が妻と夫それぞれの所得そのものや消費レベルとの交差項，消費変動との交差項として入る場合である．交渉関係を表す変数が消費変動を通してのみ影響すると考える場合にはより少ない操作変数で分析が可能である．そこで，「災害経験」や「長期入院経験」「夫の失業経験」のみを操作変数に用いた分析も行ったが，次節で示す主要結果はまったく変わらない．

　コントロール変数には消費の平準化仮説に関する先行研究で通常使用され変

---

[6] 収入額や変化率はすべてカテゴリーデータであるので，各カテゴリーの中央値をとる変数を作成して計算する．
[7] 長期パネルではないので所得や消費に関する過去のデータが使えないという制約がある．

図表 2-2　記述統計

	I．夫と妻の交渉をとり入れない場合			
	平均	標準偏差	最小値	最大値
$\ln(c_{t+1}/c_t)$	0.016988	0.066486	-0.2	0.2
$\ln(c_{t+1}/C)^{\wedge}2$ $-\ln(c_t/C)^{\wedge}2$	0.00006	0.07397	-0.72916	0.709835
△kid	0.046914	0.211506	0	1
△work_husband	0.001482	0.164539	-1	1
△work_wife	0.014321	0.297041	-1	1
(サンプル数)	(2,025)			

数を取り入れる．分析に用いるサンプル数は 2,025 となる．交渉関係を取り入れる場合は交渉関係を何で捉えるかによって約 1,550〜1,700 となる．もともと標本数が少ないことに加えて 1 期間のみのデータであるので，自由度をなるべく落とさないようにするためサンプル数を揃えない．変数の記述統計は図表 2-2 に掲載している．

5．推定結果

　図表 2-3 に，家計内の交渉が家計全体の消費変動に与える影響を分析した結果を示す．比較のため，A 列に妻と夫の交渉関係をとり入れない場合の推定結果も示した．家計が起こりうる出来事に対して消費を大きく変動させないよう最適な消費行動をとっているのであれば，一昨年より以前に発生した出来事で将来起こりうるショックを予期させるもの（操作変数）は消費変動とは相関しないはずである．A 列において過剰識別検定はこの仮説を棄却しており，家計は消費を平準化していないといえる．多くの先行研究が示す結果と同じである．
　B 列は，妻と夫の交渉関係をとり入れ，それぞれの予想所得が今期の消費変化を通じて家計の消費変動に影響を与えるかどうかを分析した結果である．B(2)列は，妻と夫それぞれの予想労働所得を，B(3)列は予想非労働所得を，B(4)列は予想労働所得変化率を使用して交渉関係を捉えている．妻と夫の所得が与える影響について同時検定を行うと，(2)〜(4)の全てのモデルにおいて，妻と夫

図表 2−2 記述統計 つづき

Ⅱ．夫と妻の交渉をとり入れる場合：交渉関係として予想所得を用いる場合

① 予想労働所得を使う場合

	平均	標準偏差	最小値	最大値
$\ln(c_{t+1}/c_t)$	0.017497	0.065069	−0.2	0.2
We.h*$\ln(c_{t+1}/c_t)$	8.773447	35.67655	−230	240
We.w*$\ln(c_{t+1}/c_t)$	0.008946	0.036177	−0.23	0.24
We.h	493.1427	262.8251	0	1,440
We.w	0.497928	0.266252	0	1.38
We.h^2	312,224.8	306,201.2	0	2,073,600
We.w^2	0.318779	0.314098	0	1.9044
We.h*We.w	314.2064	306.342	0	1,728
We.h*$\ln(c_{t+1}/c_t)$	−34.1399	279.9629	−1,024.31	2,463.707
We.w*$\ln(c_{t+1}/c_t)$	−0.03467	0.282713	−1.02431	2.898479
$\ln(c_{t+1}/C)^2$ −$\ln(c_t/C)^2$	−0.00045	0.072347	−0.72916	0.545422
△kid	0.045565	0.208603	0	1
△work_husband	0.00608	0.165394	−1	1
△work_wife	0.000608	0.165394	−1	1
(サンプル数)	(1,646)			

② 予想非労働所得を使う場合

	平均	標準偏差	最小値	最大値
0.017486	0.065564	−0.2	0.2
1.559407	11.46566	−63.75	130.6875
0.001598	0.011727	−0.06375	0.135
73.63235	181.0754	0	1,322.5
0.074754	0.184026	0	1.29
38,188.81	137,959.5	0	1,749,006
0.039432	0.14206	0	1.6641
38.65862	138.9329	0	1.548
−7.78267	94.85203	−732.637	1,615.489
−0.00795	0.096904	−0.76743	1.615489
−0.00014	0.072866	−0.72916	0.545422
0.045895	0.209326	0	1
0	0.164824	−1	1
0.021332	0.309713	−1	1
(1,547)			

③ 予想労働所得変化率を使う場合

	平均	標準偏差	最小値	最大値
0.017211	0.065022	−0.2	0.2
0.00002	0.005799	−0.04	0.04
0.000379	0.006108	−0.04	0.04
−0.01144	0.064015	−0.2	0.2
−0.00211	0.067858	−0.2	0.2
0.004226	0.01053	0	0.04
0.004607	0.011956	0	0.04
0.000544	0.006095	−0.04	0.04
0.002627	0.040999	−0.36251	0.488862
0.001457	0.033889	−0.36052	0.488862
−0.00036	0.071513	−0.72916	0.545422
0.044924	0.207198	0	1
0.00175	0.165633	−1	1
0.19837	0.304975	−1	1
(1,714)			

図表 2-2 記述統計 つづき

Ⅲ. 夫と妻の交渉をとり入れる場合：交渉関係として予想所得以外を用いる場合

	①妻の学歴が夫の学歴よりも高い				②妻の年齢が夫の年齢よりも高い				③妻の親の収入が夫の親よりも高い			
$\ln(c_{t+1}/c_t)$	0.016988	0.066486	-0.2	0.2	0.0169877	0.066486	-0.2	0.2	0.016672	0.06636	-0.2	0.2
$DF*\ln(c_{t+1}/c_t)$	-0.00016	0.058255	-0.72916	0.545422	0.00006	0.07397	-0.72916	0.709835	0.000137	0.042161	-0.72916	0.465511
DF	0.647901	0.477743	0	1	0.3111111	0.463063	0	1	0.291568	0.454619	0	1
$DF*\ln(c_{t+1}/C)$	-0.11134	0.41493	-1.71828	2.873415	-0.054929	0.279951	-1.3299	2.873415	-0.03338	0.305417	-1.71828	2.873415
$\ln(c_{t+1}/C)^2 - \ln(c_t/C)^2$	0.00006	0.07397	-0.72916	0.709835	0.00006	0.07397	-0.72916	0.709835	0.000618	0.07436	-0.72916	0.709835
△kid	0.046914	0.211506	0	1	0.0469136	0.211506	0	1	0.042755	0.202365	0	1
△work_husband	0.001482	0.164839	-1	1	0.0014815	0.164839	-1	1	0.001188	0.172359	-1	1
△work_wife	0.014321	0.297041	-1	1	0.014321	0.297041	-1	1	0.014846	0.295167	-1	1
(サンプル数)	(2,025)				(2,025)				(1,684)			

図表2-2　記述統計　つづき

	Ⅲ. 夫と妻の交渉をとり入れる場合：交渉関係として予想所得以外を用いる場合							
	④妻の親の資産が夫の親よりも高い				⑤妻の親が夫の親よりも豊かである			
$\ln(c_{t+1}/c_t)$	0.017229	0.066717	-0.2	0.2	0.017182	0.066692	-0.2	0.2
$DF*\ln(c_{t+1}/c_t)$	-0.00141	0.047953	-0.72916	0.465511	-0.00147	0.033772	-0.72916	0.288822
DF	0.352323	0.477826	0	1	0.166056	0.372228	0	1
$DF*\ln(c_{t+1}/C)$	-0.034375	0.311967	-1.54732	2.873415	-0.01655	0.225535	-1.54732	2.873415
$\ln(c_{t+1}/C)^{\wedge}2 - \ln(c_t/C)^{\wedge}2$	0.00003	0.072765	-0.72916	0.681527	0.000153	0.074239	-0.72916	0.709635
△ kid	0.0492257	0.216399	0	1	0.048717	0.215331	0	1
△ work_husband	0.0022124	0.166329	-1	1	0.002619	0.163471	-1	1
△ work_wife	0.0176991	0.295168	-1	1	0.016763	0.301519	-1	1
(サンプル数)	(1,808)				(1,909)			

それぞれの労働所得レベルが家計全体の消費変動に対して説明力をもつことが示される（表中最下段の検定結果）．妻と夫の交渉関係を表す変数は消費変動に影響を与えるといえる．

　C列は，将来は協力しない可能性を考えて，夫婦それぞれの交渉力が消費の変化を通した間接的な影響だけでなく，交渉力自体や消費レベルを通した影響をもつかどうかを分析した結果である．似た動きをする説明変数が多くなる問題や，多くの操作変数が必要でありながらそれらが必要な仮定を満たしていないという問題が生じており頑健な結果とは言えない．また，すべての推定値が統計的に有意ではない．B列に新たに追加した交渉関係を表す「所得変数」と「所得変数と消費レベルとの交差項」の推定値も統計的に有意ではない（Wald統計量はC-(5)(6)(7)それぞれについて6.74，1.55，7.97であり10％の有意水準で同時に有意とはならない）．分析に問題は残るが，少なくともこの分析結果からは将来時点の非協力の可能性は支持されない．

　前節で触れたように，夫婦間の交渉関係を表す変数として所得を使うことはいくつかの問題をもつ．分析モデルでは労働時間は外生変数としているが，もし労働時間も決定変数だとすれば，勤労所得で代替される賃金は余暇の価格であり，交渉を表す変数ではないかもしれない．また，非労働所得は家計の選好の差を捉えているだけかもしれない．

　そこで，所得ではなく他の変数を用いて夫婦間の交渉関係を捉えた分析を行

図表2-3 夫と妻の影響力の差として予想所得を考える場合

被説明変数：家計消費の変化率

	A. 夫と妻の交渉をとり入れない場合 (1)	B. 夫と妻の交渉の消費変化を通した影響を考慮 (2)	(3)	(4)	C. 夫と妻の交渉自体の影響を考慮 (5)	(6)	(7)
We,h*ln(c_{t+1}/c_t)		0.0006 (0.0025)	−0.0292 (0.0310)	−2.8879 (4.1110)	0.0018 (0.0057)	−0.0573 (0.0725)	−7.5499 (9.3265)
We,w*ln(c_{t+1}/c_t)		1.1892 (2.4902)	35.5314 (30.9132)	8.9598* (4.7608)	0.7148 (5.5280)	65.2727 (70.3843)	2.9912 (9.9720)
We,h					0.0009 (0.0019)	0.0128 (0.0167)	0.5151 (0.5916)
We,w					−1.0398 (1.9214)	−12.4624 (16.0030)	0.1160 (1.3810)
We,h*ln(c_{t+1}/C)					0.0008 (0.0006)	−0.00108 (0.00103)	−0.4629 (1.1147)
We,w*ln(c_{t+1}/C)					−0.7460 (0.5715)	−10.3752 (10.0821)	0.2406 (3.0975)
We,h^2					−0.0000 (0.0000)	−0.0000 (0.0000)	0.2479 (2.6027)
We,w^2					0.3140 (2.7696)	4.8975 (48.0413)	−1.3997 (5.4692)
We,h * We,w					0.0010 (0.0046)	0.0081 (0.0899)	0.6502 (18.7501)
ln(c_{t+1}/C)^2 −ln(c_t/C)^2	−1.1240*** (0.1816)	−0.4205*** (0.1067)	−0.5988** (0.3057)	−1.2307*** (0.2775)	−0.2210 (0.1915)	−0.2537 (0.7877)	−0.3057 (0.7275)
△kid	−0.0141* (0.0082)	−0.0083* (0.0038)	−0.0134 (0.0142)	−0.0127 (0.0120)	−0.0061 (0.0105)	−0.0354 (0.0523)	0.0074 (0.0417)
△work_husband	−0.0197* (0.0104)	−0.0021 (0.0042)	0.0018 (0.0124)	−0.0070 (0.0113)	−0.0079 (0.0193)	−0.0054 (0.0286)	−0.0216 (0.0473)
△work_wife	0.0154 (0.0060)	0.0001 (0.0027)	−0.0016 (0.0110)	0.0129 (0.0129)	−0.0065 (0.0353)	0.0036 (0.0273)	−0.0064 (0.1180)
Constant	0.0201*** (0.0018)	0.0020 (0.0017)	0.0054 (0.0037)	0.0150*** (0.0029)	0.0436 (0.0307)	0.0094 (0.0343)	0.0286 (0.0326)
標本数	2,025	1,646	1,547	1,714	1,646	1,547	1,714
Weに何を使うか?	−	予想所得	予想非労働所得	予想所得増	予想所得	予想非労働所得	予想所得増
JTest(過剰識別条件)	19.197	17.820*	6.407	20.806**	0.706	1.377	6.132*
Wald Test(夫と妻の影響力の差は消費差を説明するか)		126.00***	12.06***	3.75	72.60***	8.99	14.39*

(注) 1. GMM推定．カッコ内はRobust standard errors.
2. * : significant at 10%；** : significant at 5%；*** : significant at 1%
3. 操作変数は，家計を形成してからt期開始前までに災害にあったことがあるかどうか，長期入院をしたことがあるかどうか，妻が失業したことがあるかどうか，年齢，夫の学歴，妻の学歴，結婚年数，夫が失業したことがあるかどうか，夫失業の有無の各変数と学歴との交差項．予想所得，予想非労働所得，予想所得増，長期入院，およびt期開始前までの災害，失業の有無の各変数と学歴との交差項．

第Ⅰ部 世帯内分配に関する分析

図表 2-4 夫と妻の影響力の差として予想所得以外を考える場合

被説明変数：家計消費の変化率

	図表 2-3：A-(1) (1)	A. 学歴 (2)	(3)	B. 年齢 (4)	(5)	C. 親の収入 (6)	(7)	D. 親の資産 (8)	(9)	E. 親の生活水準 (10)	(11)
DF*$\ln(c_{t+1}/c_t)$	2.6658*** (0.08473)	2.3393*** (0.8860)		−0.5304 (0.6734)	1.1852 (0.8627)	1.6945** (0.6823)	2.0480** (0.7958)	1.0485 (0.6642)	0.8707 (0.8348)	2.0778*** (0.5432)	1.9945** (0.8613)
DF			−0.0109 (0.0085)		−0.0169* (0.0101)		−0.0424 (0.0268)		−0.0273 (0.0304)		0.0268 (0.0710)
DF*$\ln(c_{t+1}/C)$			−0.0414 (0.0288)		−0.1267** (0.0496)		0.0198 (0.0567)		−0.0751 (0.0473)		−0.0441 (0.0730)
$\ln(c_{t+1}/C)^2$ −$\ln(c_t/C)^2$	−1.1240*** (0.1816)	−2.7073*** (0.6622)	−2.4513*** (0.6933)	−0.9709*** (0.2740)	−1.1291*** (0.3515)	−1.6358*** (0.4184)	−1.5806*** (0.4392)	−1.3801*** (0.3322)	−1.3035*** (0.4599)	−1.3460*** (0.2318)	−1.3730*** (0.2816)
△kid	−0.0041*** (0.0082)	0.0110 (0.0150)	0.0023 (0.0155)	−0.0191* (0.0106)	−0.0130 (0.0118)	−0.0299** (0.0129)	−0.0276* (0.0158)	−0.0131 (0.0102)	−0.0210* (0.0112)	−0.0111 (0.0104)	−0.0131 (0.0128)
△work_husband	−0.0197* (0.0104)	−0.0623*** (0.0237)	−0.0696*** (0.0242)	−0.0195** (0.0099)	−0.0257** (0.0124)	−0.0351** (0.0156)	−0.0357** (0.0160)	−0.0063 (0.0094)	−0.0108 (0.0105)	−0.0349** (0.0138)	−0.0400** (0.0156)
△work_wife	0.0154** (0.0060)	0.0160** (0.0081)	0.152** (0.0079)	0.0169** (0.0065)	0.0062 (0.0077)	0.0218*** (0.0084)	0.0234*** (0.0096)	0.0099* (0.0060)	0.0096 (0.0075)	0.0128** (0.0070)	0.0112 (0.0080)
Constant	0.0201*** (0.0018)	0.0173*** (0.0019)	0.0206*** (0.0056)	0.0190*** (0.0021)	0.0190*** (0.0030)	0.0201*** (0.0024)	0.0325*** (0.0082)	0.0209*** (0.0022)	0.0272** (0.0110)	0.0211*** (0.0021)	0.0158 (0.0111)
標本数	2,025	2,025	2,025	2,025	2,025	1,684	1,684	1,808	1,808	1,909	1,909
DFに何を使うか？	—	妻が夫より高学歴		妻の年齢が夫より高い		妻の親の収入が夫の親より高い		妻の親の資産が夫の親より高い		妻の親の生活水準が夫の親より高い	
JTest（過剰識別条件）	19.197*	9.994	8.454	19.656*	10.385	11.799	3.438	26.632**	18.952**	9.785	6.410
Wald Test（夫と妻の影響力の差は消費差を説明するか）	9.90***	11.93***		0.62	6.57**	6.17***	8.99***	2.49	8.15***	14.63***	13.20***

(注) 1. GMM 推定。カッコ内は Robust standard errors.
2. *: significant at 10%；**: significant at 5%；***: significant at 1%
3. 操作変数は、家計を形成してから t 期間開始までに災害にあったことがあるかどうか、長期入院したことがあるかどうか、夫が失業したことがあるかどうか、妻が失業したことがあるかどうか、結婚年数、夫の学歴、妻の学歴、年齢、および t 期開始前までの災害、長期入院、失業の有無の各変数と学歴との交差項。

った．結果を図表2-4に示す．A列は，夫の学歴に対して妻の学歴の方が高いことを妻の交渉力の高さとして捉えた場合である．A(2)列においては妻の交渉力の高さが消費変化を通じて，A(3)列においては妻の交渉力の高さそのものや消費変化，消費レベルを通じて家計全体の消費変化に影響を与えている．B列は妻の年齢の高さを指標としているが，この場合はやや曖昧な結果となっている．C，D，Eは親の豊かさにより交渉関係を捉えた場合の結果を示している．少なくともCおよびE列で親の収入や生活水準を妻の交渉力の高さとして使用する場合には，それらが家計全体の消費変化に影響していることが分かる．

予想されるショックに対して消費が大きく変化しないように行動するという消費の平準化仮説については，複数の推定において仮説が棄却されている（過剰識別検定の欄を参照）．すなわち，夫婦の交渉関係を考慮しても消費の平準化仮説は棄却される．夫婦間交渉を考慮しても仮説検定の結果が変わるわけではない．なお，消費の平準化仮説については所得変化に対する消費変化の反応を直接計測する方法（消費変化を所得変化に回帰する方法）でも分析した．補表に示すとおり，ほとんどの推定モデルで所得変化の係数は統計的に有意である．消費変動は予期される所得変動に対しても反応する．

親の豊かさは子が離婚した場合の経済状況を表す指標となり，婚姻という協力関係が破綻した場合の利得を表す．しばしば，夫婦の（非労働）所得で夫婦間の交渉関係を捉えることは問題が多いとされるが，親の豊かさを指標として用いた場合にも交渉関係が家計全体の消費変化に影響を与えることや，消費の平準化仮説は成立しないことが示されたことは興味深い．なお，これらの結果は家計が借入制約にあっている場合を除いたサンプルや，金融資産の高い家計（もしくは低い家計）に限定したサンプルにおいても観察された[8]．

このように，家計は予想される所得変動に対して消費が変動しないように行動することができない．また，家計内での交渉に影響を与える要因は家計全体の消費変化に影響を与える．これらの結果からいくつかのインプリケーション

---

[8] 借入制約については，これまで借り入れ申請を断られたことがあるかや今後断られる可能性があるかという質問に対する回答から，断られたもしくは断られる可能性の高い家計を落とした分析を行った．金融資産については，1昨年前の貯蓄残高を用いて中位点において金融資産保有残高の高い家計と低い家計に分けた分析を試みた．

補表　消費の平準化

被説明変数：家計消費の変化率

| | 1. 夫婦それぞれの予想所得を使う場合 | | | | 2. 予想所得以外を使う | |
| | A. 予想非労働所得 | | B. 予想労働所得変化 | | A. 学歴 | |
	(1)	(2)	(3)	(4)	(5)	(6)
$\triangle \ln Y$	0.3193*	0.3588	0.4884***	1.1985	0.3595***	0.4355***
	(0.1644)	(0.3780)	(0.1196)	(9.6871)	(0.1271)	(0.1531)
$W_{e,h} * \ln(c_{t+1}/c_t)$	−0.0164	−0.0053	−4.8727	4.3511		
	(0.0250)	(0.0658)	(3.2823)	(118.6376)		
$W_{e,w} * \ln(c_{t+1}/c_t)$	21.9371	12.4444	4.6979	12.0022		
	(24.6133)	(62.4281)	(4.4705)	(84.8517)		
$W_{e,h}$		0.0028		−0.8727		
		(0.0185)		(11.5810)		
$W_{e,w}$		−1.9046		−4.8241		
		(18.2657)		(43.3553)		
$W_{e,h} * \ln(c_{t+1}/C)$		0.0069		−3.1875		
		(0.0099)		(25.2038)		
$W_{e,w} * \ln(c_{t+1}/C)$		−6.5542		−7.1036		
		(9.9150)		(58.9883)		
$W_{e,h}^2$		−0.0000		−5.4696		
		(0.0001)		(35.2824)		
$W_{e,w}^2$		−15.6434		−5.6714		
		(74.7104)		(46.1472)		
$W_{e,h} * W_{e,w}$		0.0363		−61.5309		
		(0.1335)		(602.7088)		
$DF * \ln(c_{t+1}/c_t)$					1.4621*	1.5607**
					(0.7648)	(0.7954)
DF						0.064
						(0.0083)
$DF * \ln(c_{t+1}/C)$						0.0042
						(0.0261)
$\ln(c_{t+1}/C)^2 - \ln(c_t/C)^2$	−0.2624	−0.2585	−0.4442*	−0.5222	−1.6931**	−1.7153***
	(0.2227)	(0.8167)	(0.2484)	(4.4225)	(0.6057)	(0.6293)
$\triangle$ kid	0.0090	0.0053	0.0151	0.0132	0.0155	0.0193
	(0.0125)	(0.0806)	(0.0116)	(0.1870)	(0.0118)	(0.0137)
$\triangle$ work_husband	0.0042	0.0031	0.0210	0.0189	−0.0152	−0.0132
	(0.0129)	(0.0251)	(0.0146)	(0.6969)	(0.0153)	(0.0160)
$\triangle$ work_wife	0.0025	−0.0022	0.0009	0.4139	0.0113	0.0102
	(0.0068)	(0.0279)	(0.0078)	(3.7305)	(0.0073)	(0.0076)
Constant	0.0118***	−0.0081	0.0193***	0.1007	0.202***	0.0162***
	(0.0039)	(0.0307)	(0.0028)	(0.6235)	(0.0021)	(0.0048)
標本数	1,433	1,433	1,574	1,574	1,790	1,790
J Test（過剰識別条件）	5.474	0.367	11.390	0.117	9.294	8.423
Wald Test（夫と妻の影響力）	8.47**	6.20	26.99***	0.10	3.65*	4.51

（注）図表2-1〜2-4の脚注を参照．

仮説の検証その2

場合	B. 年齢		C. 親の収入		D. 親の資産		E. 親の生活水準	
	(7)	(8)	(9)	(10)	(11)	(12)	(13)	(14)
	0.3821***	0.3219**	0.4127***	0.3169**	0.4327***	0.5640***	0.3155**	0.4244**
	(0.1164)	(0.1289)	(0.1329)	(0.1440)	(0.1207)	(0.1680)	(0.1452)	(0.1924)
	−0.0113	1.2021	0.9549*	1.2834**	−0.0092	0.5689	0.5575	1.0465
	(0.7897)	(0.9350)	(0.5622)	(0.6079)	(0.6117)	(0.7687)	(0.6704)	(0.9242)
		−0.0077		−0.0282		0.0392		0.0701
		(0.0084)		(0.0232)		(0.0322)		(0.0743)
		−0.0827**		0.0340		−0.0392		0.0341
		(0.0419)		(0.0475)		(0.0493)		(0.0844)
	−0.6819	−1.0384**	−0.9522**	−0.9166**	−0.5344	−0.7421	−0.8808**	−0.8587**
	(0.4416)	(0.4996)	(0.3692)	(0.3847)	(0.3792)	(0.4762)	(0.3396)	(0.3979)
	0.0014	0.0040	−0.0082	−0.0042	0.0052	0.0077	−0.0010	0.0074
	(0.0099)	(0.0109)	(0.0103)	(0.0123)	(0.0072)	(0.0114)	(0.0094)	(0.0144)
	0.0039	0.0035	0.0027	−0.0028	0.0074	0.0088	−0.0030	0.0017
	(0.0104)	(0.0114)	(0.0104)	(0.0110)	(0.0112)	(0.0131)	(0.0130)	(0.0168)
	0.0098	0.0038	0.0153**	0.0180**	0.0108*	0.0051	0.0115*	0.0073
	(0.0068)	(0.0074)	(0.0078)	(0.0082)	(0.0064)	(0.0079)	(0.0067)	(0.0083)
	0.0210***	0.0204***	0.0209***	0.0295***	0.0213***	0.0077	0.0208***	0.0106
	(0.0023)	(0.0030)	(0.0020)	(0.0066)	(0.0021)	(0.0110)	(0.0019)	(0.0105)
	1,790	1,790	1,508	1,508	1,600	1,600	1,693	1,693
	14.008	8.700	15.458	13.603*	13.572	9.935	12.090	8.904
	0.00	4.27	2.89*	6.08*	0.00	1.85	0.69	2.06

が得られる．第一に，家計内構成員の異なる行動を考慮したとしても家計が最適な消費行動をとることは支持されない．別の要因で最適行動が阻害されていると考えられる．第二に，家計内の交渉にかかわる要因，すなわち妻と夫の利得を変える環境の変化が消費といった家計全体の行動に影響する．既婚女性に不利な社会環境や労働市場の環境，政策変更は家計単位での消費決定，よって家計の厚生に影響する．

なお，ここでの分析結果からは，家計全体で 1 本の効用関数を 1 本の予算制約について最大化するように行動する Unitary Model と，家計内の構成員が異なる効用関数を持ち交渉を行いながら協力する Collective Model のどちらが家計行動を説明できるかについては回答できない．分析結果は，家計として協力して交渉するときに最適な消費行動が達成されているかを検証しているのであり，協力して交渉するという Collective Model の設定自体を検定しているわけではない．夫婦の交渉関係の差を表す変数が重要であることを考えれば Collective Model に肯定的な結果とも考えられるが，このことだけでは Collective Model を支持するには至らない．検定方法がモデルを識別できていない可能性や，分析データが 1 期間という極めて限られた消費変動しか捉えられていないことの問題など，今後さらに改善した分析を行う必要があるだろう．

6. おわりに

本章では，家計が直面するショックに対して消費が変動しないように行動できているかどうかについて，家計内での交渉を考慮したモデルに基づき再検討した．2006 年に財団法人家計経済研究所が実施した『世帯内分配と世代間移転に関する研究』調査を用いた分析の結果，家計は予期されるショックに対して消費の変動を抑えられないことが分かった．また，家計内での交渉に影響を与える要因は家計全体の消費決定にも影響を与えることが示された．

これらの結果はいくつかのインプリケーションをもっていた．第一に，家計内世帯員の異なる行動を考慮したとしても家計が最適な消費行動をとることは支持されない．別の要因で最適行動が阻害されていると考えられる．第二に，分析からは家計内でどのような交渉が行われているかどうかは分からないが，

少なくとも家計内の交渉を左右するものが家計全体の決定に影響している．たとえば既婚女性に不利な社会環境や労働市場の環境，政策変更は家計単位での消費決定に影響する可能性がある．家計行動を分析する際には，どのような理論モデルでどのような計量分析を行うとしても，家計内世帯員の情報，特に交渉に影響する要素を考慮する必要があるといえる．

　今後の分析課題としては，検定においてモデルを識別できていない可能性や，分析データが1期間という極めて限られた消費変動しか捉えられていないことの問題，Collective Model 以外の交渉モデルで説明する可能性について考える必要があるだろう．

参考文献

Apps, Patricia F. and Ray Ress [1988] "Taxation and the Household," *Journal of Public Economics*, 35(3), 355-369.

Apps, Patricia F. and Ray Rees [1997] "Collective Labor Supply and Household Production," *The Journal of Political Economy*, 105(1), 178-190.

Attanasio, Orazio, Virginia Sanchez-Marcos and Hamish Low [2005] "Female Labor Supply as Insurance against Idiosyncratic Risk," *Journal of European Economic Association*, 3(2-3), 755-764.

Blundell, Richard, Pierre-Andrè Chiappori, Thierry Magnac and Costas Meghir [2007] "Collective Labour Supply: Heterogeneity and Non-Participation," *Review of Economic Studies*, 74(2), 417-445.

Browning, Martin [2000] "The Saving Behaviour of a Two-person Household," *Scandinavian Journal of Economics*, 102(2), 235-251.

Browning, Martin, Francois Bourguignon, Pierre-Andrè Chiappori and Valèrie Lechene [1994] "Income and Outcomes: A Structural Model of Intrahousehold Allocation," *Journal of Political Economy*, 102(6), 1067-1096.

Browning, Martin and Pierre-Andrè Chiappori [1998] "Efficient Intrahousehold Allocation," *Econometrica*, 66(6), 1241-1278.

Browning, Martin, Pierre-Andrè Chiappori and Valèries Lechene [1994] "Collective and Unitary Models: A Clarification," *Review of Economics of the Household*, 4(1), 5-14.

Chen, Zhiqi and Frances Woolley [2001] "A Cournot-Nash Model of Family Decision Making," *The Economic Journal*, 111(474), 722-748.

Chiappori, Pierre-Andre [1988] "Rational Household Labor Supply," *Econometrica*, 56(1), 63-90.

Chiappori, Pierre-Andre [1992] "Collective Labor Supply and Welfare," *Journal of Political Economy*, 100(3), 437-467.

Chiappori, Pierre-Andrè, Bernard Fortin and Guy Lacroix [2002] "Marriage Market, Divorce Legislation, and Household Labor Supply," *Journal of Political Economy*, 110(1), 37-72.

Dercon, Stefan and Pramila Krishnan [2000] "In Sickness and in Health : Risk Sharing within Households in Rural Ethiopia," *Journal of Political Economy*, 108(4), 688-727.

Donni, Olivier and Nicolas Moreau [2005] "Collective Labor Supply : A Single-Equation Model and Some Evidence from French Data," *CIRPEE Working Paper*, No. 05-16.

Low, Hamish [2005] "Self-Insurance in a Life-Cycle Model of Labour Supply and Savings," *Review of Economic Dynamics*, 8(4), 945-975.

Manser, Marilyn and Murray Brown [1980] "Marriage and Household Decision Making : A Bargaining Analysis," *International Economic Review*, 21(1), 31-44.

Mazzocco, Maurizio [2004] "Saving, Risk Sharing, and Preferences for Risk," *The American Economic Review*, 94(4), 1169-1182.

Mazzocco, Maurizio [2007] "Household Intertemporal Behaviour : A Collective Characterization and a Test of Commitment" *Review of Economic Studies*, 74(3), 857-895.

McEloy, Marjorie, B. [1990] "The Empirical Content of Nash Bargained Household Behavior," *Journal of Human Resource*, 25(4), 55-583.

McElroy, Marjorie B. and Mary Jean Horney [1981] "Nash Bargained Household Decisions Toward a Generalization of the Theory of Demand," *International Economic Review*, 22(2), 333-349.

Pijoan-Mas, Josep [2006] "Precautionary Savings or Working Longer Hours ?" *Review of Economic Dynamics*, 9(2), 326-352.

Vermeulen, Frederic [2005] "And the Winner is... An Empirical Evaluation of Unitary and Collective Labour Supply Models," *Empirical Economics*, 30(3), 711-734.

第3章　日本における世帯内リスクシェアリングの分析[*]

澤田　康幸

1. はじめに

　社会保障や生活保護給付をはじめとするさまざまな政策介入を考える際に，エビデンスに基づきながら世帯の行動を正しく定式化することは不可欠である．第1章，第2章が明快にまとめているように，世帯行動に関する近年の実証研究においては，世帯が1つの意思決定単位として行動するモデル（Unitary Model）で記述されるのか，あるいは複数の意思決定者による交渉の結果，世帯全体の行動が生み出される（Collective Model）のかを識別することが中心課題とされてきた．なぜなら，どちらのモデルが正しいかによって，政策介入が世帯構成員の厚生水準に与える効果・含意が著しく異なってしまうためである．

　世帯モデルに関する既存の研究としては，Unitary Model に基づいた古典的な諸研究や所得プーリング仮説のテストを行った研究，さらにより直接的に Collective Model の検証を行った研究，最近の動向としては実験によって世帯内資源配分を分析したものなどがある（Ashraf [2008], Browning, Chiappori, and Lechene [2006], Fuwa et al. [2006]）．これら既存の分析手法とは異なり，本章では Cochrane [1991], Hayashi et al. [1996], Mace [1991], Townsend [1987] [1994] [1995] らが行ってきた完備保険・消費リスクシェアリングのモデルを応用し，世帯内でのリスクシェアリングがどの範囲で行われているかを分析することで Unitary Model の検証を行う．仮に，世帯内リスクシェアリングが行われているとすると，異なるメンバーに同額の所得変動があったとい

---

[*] 『世帯内分配・世代間移転に関する研究』プロジェクトの委員から有益なコメントをいただいた．記して感謝したい．言うまでもなく，あり得べき誤りは筆者の責任である．

う2つのケースを比較した場合，世帯全体の平均的な所得変動が同じである限り消費の変動は同一になる．したがって，世帯メンバー別の所得変動と消費変動との関連を調べることでUnitary Modelが成立しているかどうかを検定することができる．さらに，世帯内リスクシェアリングが成立しているということは，各世帯メンバーの消費の限界効用が均等化しているということなので，我々の検定は世帯内利他主義の検定でもあると解釈できる．

本章の構成は以下の通りである．次節では，世帯のリスク対処法と保険機能について概観する．第3節では計量分析モデルの定式化を行う．第4節ではデータの説明と基本統計量を解説し，分析結果を示す．最終節では分析結果の解釈と政策的示唆について議論を行う．

2. 世帯のリスク対処法と保険機能

日本の世帯のみならず，世帯は一般に日々の予期せぬ多くのリスクに直面している．リスクの中には，事業の不振，勤め先の倒産，家族の病気や事故といったタイプのもののみならず，自然災害による被害，経済政策の失敗や紛争や政治動乱なども含まれる．このような生活水準低下のリスク，言い換えれば一種の事後的な貧困状態に直面している世帯は，リスク対処戦略（risk-coping strategies），つまり所得変動を所与として，消費変動を削減し貧困状態の発生を事後的に回避するための戦略を用いようとする．以下に説明するように，相互保険（mutual insurance）ないし自己保険（self-insurance）といった保険（insurance）はリスクに対する有効な対処法である[1]．

このうち，「相互保険」とは，保険市場や信用市場，血縁・地縁・職場などを通じた助け合いや公的扶助を通じたクロスセクションの資源再配分によるリスクへの対処法を指す．理論的には，相互保険として，全ての保険市場が完備されていて，あらゆるリスクに対して保険が完全にかけられているという理想的な状況を想定することが有益である．もし，保険市場・信用市場や私的な援

1）ここで注意が必要なのは，ここでいう保険は公式の保険契約に限らない広い範囲のものをさす．リスクと消費行動に関する一般的な議論については，Fafchamps [2003], Hayashi [1996], Saito [1999], Townsend [1994] [1995] などを参照．

助・公的な扶助政策を通じた保険が十分に機能しており，広い意味での保険市場が完備しているなら，個別の（idiosyncratic）所得ショックがあっても，世帯の最適化の結果たる消費水準は変化しない．これを完全な消費リスクシェアリングと呼んでおり，完備保険市場のケースを含む状況である．

さらに，相互保険の源泉についても検証可能な仮説を設定することができる．例えば，世帯は，利他的に結びついた家族・親戚からの送金によって，個別的な所得低下の穴埋めを行うことができる．利他的な援助は必ずしも互恵的である必要はないものの，世帯構成員及び親類・隣人や友人からの非公式な送金等の形態による互恵的な分け合い・助け合いの枠組みも存在しうる（Altonji, et al. [1997], Cochrane [1991], Hayashi et al. [1996], Mace [1991], Saito [1999], Townsend [1995]）．このような枠組みは，消費リスクシェアリングの重要なメカニズムである．

また，資金借入が可能である世帯は，予期せぬ負の所得ショックに対して，資金を借り入れることによって消費への影響を軽減できる．さらに，理論的にも資金市場へのアクセスの存在が保険機能として働くことを示すことができる（Eswaran and Kotwal [1989]）．しかし実際には，日本では借り入れが困難な流動性制約に直面する世帯が10％程度存在するという研究があり（ホリオカ・小原 [1999], Sawada et al. [2007]），資金市場がどの程度リスクシェアリングに貢献しているのかを明らかにすることは重要な実証課題である．

一方，相互保険に対する概念が「自己保険」である．これは「患に備えた」貯蓄の取り崩しという自己資産のやりくりを通じたリスクへの対処法である．借入制約に直面する世帯は，借入に依存しないショックへの対処法を用いなければならない．例えば，実物資産・金融資産の売却や貯蓄の取り崩しである．世帯はこのようなリスクに対処するため，予備的貯蓄（precautionary saving）を積み増している．こうしたショックへの対処の仕組みを「自己保険」と呼ぶ（Carroll and Kimball [2006], Lee and Sawada [2007]）[2]．もし，自己保険が有効に機能していたとすれば，負の所得ショックに対して，世帯は貯蓄の取り崩しで対応したはずである．そもそも日本では将来の患に備えた予備的貯蓄が大

2）日本では，特にその形態として現金保有や預金の比率が高いことが知られている．

きいことが知られており（Horioka and Watanabe [1997], Zhou [2003]），子どもの受験や入学，病気や治療，失業や転勤などのショックに対して，主に貯蓄の取り崩しで対処している（Horioka et al. [2002]）．一方，澤田 [2004] や Sawada and Shimizutani [2008] の研究によれば，自然災害がもたらす巨大なロスに対しては，自己保険の効果は限定的である可能性が高い．

　以上のように，世帯が直面する所得のリスクに対して広い意味での保険市場や非公式の相互保険メカニズム，さらには自己保険がどの程度機能したのかについては，先行研究がいくつか存在する．しかしながら，そもそも世帯内において，世帯や個人が直面する所得リスクがどの程度分散されているかについては，Dercon and Krishnan [2000] などの研究を除きほとんど研究されていない．本研究はこの穴を埋めようとするものである．そのため，われわれは Cochrane [1991], Hayashi et al. [1996], Mace [1991], Townsend [1987] [1994] [1995] らの完備保険・消費リスクシェアリングのモデルを応用し，世帯内でのリスクシェアリングがどの範囲で行われているかを分析する．仮に，世帯内リスクシェアリングが効率的に行われているとすれば，異なるメンバーに同額の所得変動があったという2つのケースを比較した場合，世帯全体の平均的な所得変動が同じである限り全てのメンバーの消費の変動は同一になる．したがって，この含意を用いて，Unitary Model が成立するかどうかの検定を行うことが可能になる．さらに，リスクシェアリングが成立しているということは，各世帯メンバーの（ウェイト付き）消費限界効用が均等化しているということなので，世帯内利他主義が存在するケースとしても解釈が可能である．

3. 世帯内リスクシェアリングの検証

　N 人のメンバーで構成される，ある「世帯」の内部の資源の交換を考える．競争均衡は，各メンバーの効用関数加重和を最大化する問題の解として記述できるため，この世帯内での完全なリスクシェアリングの条件は，社会的厚生関数を最大化するソーシャル・プランナーの最適問題として導出することができる．Cochrane [1991], Hayashi et al. [1996], Mace [1991], Townsend [1987] [1994] [1995] らが置いている，いくつかの仮定のもとで，この最適問題に

おける一階の必要条件は，厚生ウェイトで加重された各メンバーの消費限界効用が全てのメンバーの間で均一になるという条件となる．この一階条件の重要な実証上の含意は，各メンバーの消費変化のパスが，世帯が直面する集計的ショックのみによって決定され，個別的な所得変動に影響されないことである．

この完全なリスクシェアリングの一階条件を統計的に検定するステップとして，絶対的リスク回避度一定（CARA）型効用関数を仮定する．そうすると，最適なリスクシェアリングの条件は，c_{it} と c_t^* をそれぞれ t 期における各メンバー i の消費支出・世帯内の消費支出の平均として，$\Delta c_{it}=\Delta c_t^*$ となる．この条件を検定する方法は，以下の回帰式において，メンバー別所得変数 ΔY_{it} に関する帰無仮説 $H_0:\zeta=0$ を統計的に検定することである．

$$\Delta c_{it}-\Delta c_t^* = a + \zeta \Delta Y_{it} + \Delta u_{it} \tag{1}$$

ここで，帰無仮説 $H_0:\zeta=0$ が棄却できなければ，各メンバーの消費変動は世帯平均の消費変動と同じ動きを示し，メンバー別の所得変動には影響を受けていないことになる．言い換えれば，個別の所得変動は，世帯内の資源再分配を通じてクロスセクションで平準化され，個別の消費変動には影響を与えない．このケースは，価格ベクトルや消費支出に世帯全体の社会厚生関数のウェイトが依存せず，時間を通じて一定であるという目的関数を最大化する問題の解であり，最適な消費のパスは，標準的な Unitary Model のそれにしたがうため，これは分配ファクター従属の Unitary Model（Distribution Factors Dependent Unitary Model）のケースに対応していると考えることが出来る（Browning, Chiappori, and Lechene [2006]，本書第 2 章）．一方，(1)式において帰無仮説 $H_0:\zeta=0$ が棄却される場合は，世帯レベルの社会厚生関数のウェイトが時間を通じて一定ではなく時間を通じて変化し（time variant），例えば世帯内の所得分配の影響を受けるというケースと整合的になる．このようなケースは，Browning, Chiappori, and Lechene [2006] の Case I である．Non-Unitary, Collective Model に対応していると考えることができる．

4. データと実証結果

4.1 データ

　本章が用いるデータは，財団法人家計経済研究所が2006年に実施した『世帯内分配と世代間移転に関する研究』調査を通じて収集された個票データである．有効回答数は2,814世帯である．(1)式における，左辺の消費変動と右辺の所得変動の組み合わせのデータとして，最初に用いるデータは，正の所得ショックに焦点を当て，以下の仮想質問から得られた回答である．

問20：「もし，あなたやあなたの配偶者の毎月の収入が3万円増加するとしたら（普段の収入に3万円上乗せ），また臨時収入（宝くじ当選など）として10万円を受け取るとしたら，そのお金を，あなた本人，配偶者，子どものための消費や貯蓄やローン返済などにいくらずつ割り当てると思いますか．この場合，全額をご家庭（同居者全員）の中で使うと仮定してください．」

　このような正の所得ショックに焦点を当てる一つの理由は，多くの回答者から同質の情報が得られるであろうという点で，データ取得可能性が高いことである．他方，負の取得ショックについて同様の仮想質問を行うことは相対的に難しい．

　この問20では，各世帯ごとに i が5パターンある．すなわち， $i=\{$あなた（=1），配偶者（=2），子ども（=3），その他世帯員（=4），家族共通（=5)$\}$ である．一方 Y_{it} については，{あなた，配偶者}についてのみデータが得られる．いずれにしても，所得の増加の仕方が{あなた，配偶者}についてそれぞれ{3万円の増加，10万円の増加}という合計4種類あるので，データ数は，5×4×有効回答数（2,814）=56,280である．

　図表3-1は，回答者ないしは配偶者の所得増とメンバーカテゴリー別消費増の相関係数をまとめたものである．図表3-1から，3つのことが読み取れる．第一に，回答者・配偶者ともに自分の所得増をより多く自分の消費増に割

第3章 日本における世帯内リスクシェアリングの分析

図表3-1　所得増とメンバーカテゴリー別消費増の相関係数

	回答者	配偶者	子ども	その他メンバー	家族全体
回答者の所得増	0.3907	−0.1599	0.1429	0.0707	0.1774
配偶者の所得増	−0.1138	0.4617	0.0293	0.0118	0.1818

り当てる傾向がある一方，回答者と配偶者のペアーに関しては，一方の所得増と他方の所得増が負の相関関係をもっていることである．この負の相関関係は，10万円の所得増よりも3万円の所得増の場合の方が相手により多く資源を配分する傾向があることの現れである．問20から分かるように3万円増は恒常的な増加であり，10万円は一時的増加である．図表3-1の結果は，3万円増の場合には恒常所得の増加という効果がより強く出ている可能性もある．他方，一時的所得増加である10万円の場合，相手への割り当てを低下させることも理にかなっている．

第二には，回答者・配偶者ともに所得増を子どもに割り当てる傾向がある．ただし，この傾向は回答者（女性）の場合の方がより強い．このことは，女性の方が所得増のより多くを子どもへ配分する傾向があるという，Thomas [1990]などの既存研究と同様の結果である．

最後に，回答者・配偶者ともに所得増を家族全体に割り当てる傾向をもっており，ある程度リスクシェアリングや利他的行動モデルを支持する効果が見て取れる．

図表3-2，図表3-3は，回答者（あなた）の所得がそれぞれ3万円，10万円増えた場合の，メンバーカテゴリー別の消費増加を示すものである．所得増加の大きさならびに恒常的・一時的といった所得の種類にかかわらず，いずれの場合にも傾向として，自分と家族全体に多く配分する傾向があることが分かる．

図表3-4，図表3-5は，同様に，回答者（あなた）の配偶者の所得がそれぞれ3万円，10万円増えた場合のその他のメンバーカテゴリーの消費の増加を示すものである．回答者の所得増の場合と同様に，所得増加の大きさにかかわらず，いずれの場合にも配偶者自身と家族全体に多く配分する傾向があるこ

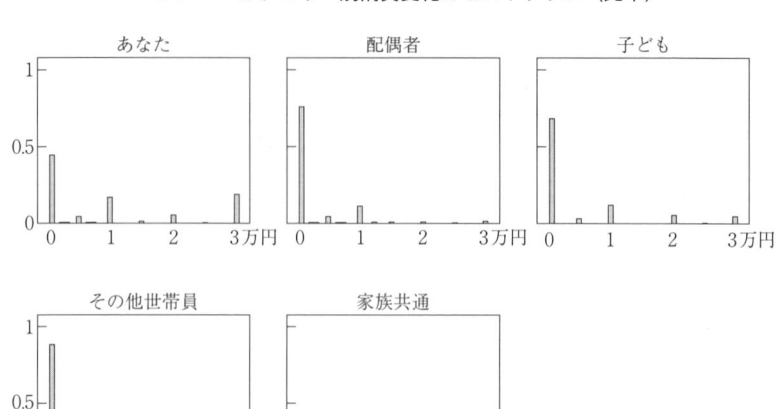

図表 3-2 回答者（あなた）の所得が（恒常的に）3万円増えた場合の，メンバーカテゴリー別消費変化のヒストグラム（比率）

とが分かる．ただし，このデータは，回答者が配偶者の行動について回答したという意味で主観的な予測値であることに留意する必要がある．この点を考慮すると，回答者は配偶者が自分と同様の行動をとると予測している可能性がある．

これら図表3-2〜図表3-5は，所得増加がそれを受け取ったメンバーにより多く配分されるという意味で，リスクシェアリングが完全でないことを示唆している．一方，所得増加がメンバー全体の消費に配分されるという部分においては，リスクシェアリングの側面をもっている．これらの相反する効果が総合的にどのように機能しているかを見るために，(1)式に基づいた回帰分析を行う．

問20では，$i=\{$あなた（=1），配偶者（=2），子ども（=3），その他世帯員（=4），家族共通（=5）$\}$であり，消費変動についてはこれらのメンバーカテゴリー別に観察可能であるが，所得変動 ΔY_{it} については，$\{$あなた，配偶者$\}$ についてしかデータが得られないので，(1)式を推計する際にはこのデータ

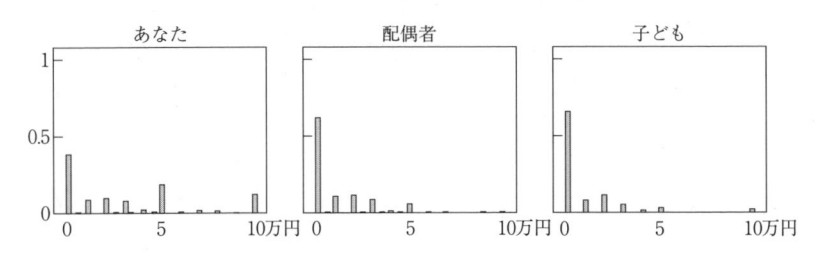

図表3-3　回答者（あなた）の所得が（一時的に）10万円増えた場合の，メンバーカテゴリー別消費変化のヒストグラム（比率）

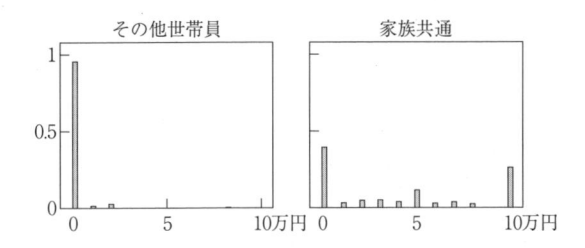

を加味し，実際の推計式を以下のように設定する．

$$\Delta c_{it} - \Delta c_t^* = \zeta_1(\Delta Y_{あなたt}) \times 1\{i=あなた\} + \zeta_2(\Delta Y_{あなたt}) \times 1\{i=配偶者\}$$
$$+ \zeta_3(\Delta Y_{あなたt}) \times 1\{i=こども\} + \zeta_4(\Delta Y_{あなたt}) \times 1\{i=その他\}$$
$$+ \zeta_5(\Delta Y_{あなたt}) \times 1\{i=家族共通\}$$
$$+ \zeta_6(\Delta Y_{配偶者t}) \times 1\{i=あなた\} + \zeta_7(\Delta Y_{配偶者t}) \times 1\{i=配偶者\} \quad (2)$$
$$+ \zeta_8(\Delta Y_{配偶者t}) \times 1\{i=こども\} + \zeta_9(\Delta Y_{配偶者t}) \times 1\{i=その他\}$$
$$+ \zeta_{10}(\Delta Y_{配偶者t}) \times 1\{i=家族共通\}$$
$$+ 世帯固定効果 + \Delta u_{it}$$

ここで，$1\{\cdot\}$ はインディケーター関数である．平均消費変動 Δc_t^* は，ΔY をカテゴリーの数，すなわち5で割って計算している．(2)式において，$\zeta_1 = \zeta_2 = 0$ が成立する場合，「あなた」の所得変動が「あなた」自身の「平均消費 c^* を上回る消費変動をもたらさない」だけでなく，配偶者の消費変動

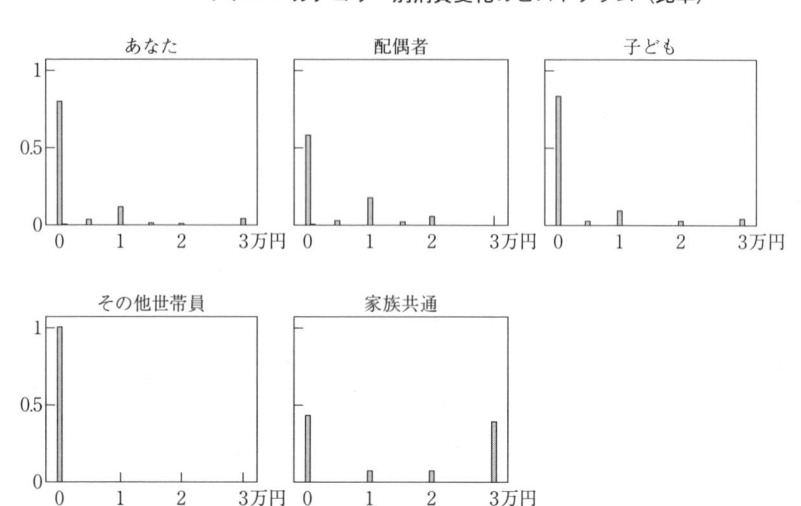

図表3-4　配偶者の所得が（恒常的に）3万円増えた場合の，メンバーカテゴリー別消費変化のヒストグラム（比率）

（割り当て額）も同様にもたらさない．この場合，両者の消費が平均消費と完全に共変動（comove）しているということなので，「あなた」の限界効用と「配偶者」の限界効用，そして他のメンバーの限界効用が平準になるように割り当てが決まっており，リスクをシェアしているということができる．

　一方，ζ_5 と ζ_{10} の係数は，リスクシェアリングの直接の程度を示すものである．仮に $\zeta_5 = \zeta_{10} = 1$ であれば，回答者・配偶者の所得増はすべて家族共通の支出に振り分けられることになり，完全なリスクシェアリングの仮説を支持する．しかし，このような状況はリスクシェアリングの極端なケースである可能性がある．なぜなら，回答者・配偶者の所得増が，同時に生じたある特定のメンバー・グループの所得減の穴埋めに向かうことによってリスクシェアリングが達成可能であるからである．しかしながら，我々のデータでは個別メンバーの所得変動の情報がないため，このような可能性を厳密に検証することはできない．ただし，我々の用いる問20は仮想質問であるため，現実の所得変動がない状況での回答が得られている可能性は高い．

図表 3-5　配偶者の所得が（一時的に）10万円増えた場合の，メンバーカテゴリー別消費変化のヒストグラム（比率）

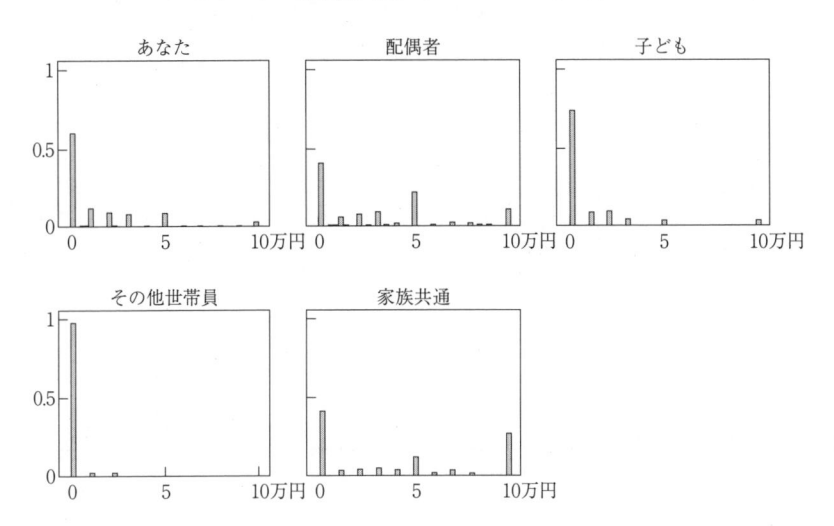

4.2　分析結果

　図表 3-6 は，(2)式を OLS で推計した結果をまとめたものである．まず，ζ_i の係数はすべて統計的に有意であり，かつ $\zeta_5=1$, $\zeta_{10}=1$ という帰無仮説は強く棄却される．したがって，回答者・配偶者の所得変化によってもたらされる各メンバーカテゴリーの消費変動は均一ではなく，世帯内のリスクシェアリング仮説は棄却される．特に，回答者・配偶者の所得増加はそれぞれ自身への平均以上の消費増加につながっており，利己的な行動が見られる．さらに子どもへの配分について見てみると，回答者については均分の割当額よりも 9 ％程度少なく，配偶者のケースでは 12 ％程度少ない．ただし，所得増が小さい場合（3万円の場合）にはより均分的な配分を行う傾向がある．

　一方，家族全体への貢献を示す係数 ζ_5, ζ_{10} はそれぞれ 0.2 強であり，回答者・配偶者ともに所得増のうち少なくとも 2 割程度は家族全体に均分に割り当てる傾向が見て取れる．このことは，完全ではないにしてもある程度リスクシ

図表3-6 世帯内リスクシェアリングの検定

ΔY	3万円か10万円		3万円か10万円		3万円		10万円	
	係数	標準誤差	係数	標準誤差	係数	標準誤差	係数	標準誤差
ζ_1	0.102	(0.006)	0.102	(0.006)	0.127	(0.007)	0.100	(0.006)
ζ_2	−0.104	(0.003)	−0.103	(0.003)	−0.143	(0.003)	−0.100	(0.003)
ζ_3	−0.089	(0.004)	−0.089	(0.004)	−0.066	(0.005)	−0.091	(0.004)
ζ_4	−0.184	(0.002)	−0.184	(0.001)	−0.189	(0.001)	−0.184	(0.002)
ζ_5	0.219	(0.008)	0.219	(0.007)	0.217	(0.008)	0.219	(0.008)
ζ_6	−0.073	(0.004)	−0.073	(0.004)	−0.093	(0.005)	−0.071	(0.004)
ζ_7	0.102	(0.006)	0.102	(0.006)	0.061	(0.007)	0.106	(0.006)
ζ_8	−0.115	(0.004)	−0.115	(0.003)	−0.102	(0.005)	−0.116	(0.004)
ζ_9	−0.189	(0.002)	−0.189	(0.001)	−0.190	(0.002)	−0.189	(0.001)
ζ_{10}	0.221	(0.008)	0.221	(0.007)	0.278	(0.009)	0.216	(0.008)
定数項	0.003	(0.010)						
サンプル数	56,275		56,275		28,140		28,135	

(注) カッコ内は頑健な標準誤差を示す．

ェアリング・利他主義が存在していることを示している．

さらに，図表3-6に示された実証分析結果の頑健性を確かめるため，2つの追加的な分析を行った．第一には，世帯の意思決定構造の違いが与える影響を取り除くため，問28「生活費支出の管理をおこなっているのは主にどなたですか．（○は1つ）」に対して，「あなたと配偶者で相談して管理」と答えた世帯のみについて同様の分析を行った．この推計結果は図表3-7に示してある．この結果から分かるように，主観的質問に基づくと支出を回答者と配偶者が共同で管理しており，Unitary Model により近い行動を示すものと予想されるサンプルを用いた世帯内消費シェアリングの検定についても，定性的な結果は図表3-6のそれと同様である．

第二の分析としては，過少定式化のバイアスを取り除くため，世帯固定効果を用いた推計を行っている．本章では詳細な推計結果を示していないが，得られた推計結果は，図表3-6のそれと定性的に同じとなっている．

5. 世帯間リスクシェアリング

ここでは，仮想質問ではなく，実際の消費と所得データを用い，分析の前提となる世帯間でのリスクシェアリングの程度を数量的に分析する．手法としては，(1)式をメンバーではなく，世帯レベル（j）で推計する．この場合，推計式は以下のようになる．

$$\Delta c_{jt} = a^R + \zeta^h \Delta Y_{jt} + \Delta u_{jt} \tag{3}$$

ここで a^R は定数項であるが，リスクシェアリングネットワークで共通の平均的消費変動の大きさを示すため，実際の推計ではネットワークに対応する範囲でのダミー変数を導入する．そして，$\zeta^R=0$ がリスクシェアリングの帰無仮説となる．データに関しては，ΔY_{jt} については，問18「昨年（平成17年1月～12月）の①あなたの収入，②配偶者の収入，③世帯全体の収入は，一昨年（平成16年1月～12月）と比べて，どう変化しましたか」とその付問「あなた方ご夫婦それぞれに，今年（平成18年1月～10月），昨年（平成17年1月～12月），一昨年（平成16年1月～12月）で以下のことが起こりましたか．あてはまるものすべての番号をご記入ください」の回答を用いる．左辺の消費変動 Δc_{jt} については，問26「昨年1年間（平成17年1月～12月）のあなたの世帯全体の「生活費の合計」，「衣類・履物支出」，「教養・娯楽・交際支出」は，一昨年（平成16年1月～12月）と比べて，どう変化しましたか」の回答を用いる．

リスクシェアリングネットワークの広がりを示すため，全国から選ばれた100の地域の地域ダミーを a^R として用いて推計された(3)式の ζ^h の推計結果が，図表3-8にまとめられている．生活費の合計，衣類・履物支出，教養・娯楽・交際支出いずれの推計においても，完全な消費リスクシェアリング仮説は棄却される．これらの結果は，Kohara et al.［2002］［2006］が行った日本の消費リスクシェアリング仮説の検定結果と定性的に同じものである．

最後に，我々はScott［2000］にしたがって，流動性制約を直接判別するための質問項目を設定した．通常広く行われている家計調査においては，債務の

図表3-7　支出共同管理世帯における世帯内リスクシェアリングの検定

ΔY	3万円か10万円 係数	標準誤差
ζ_1	0.095	(0.018)
ζ_2	-0.094	(0.010)
ζ_3	-0.103	(0.011)
ζ_4	-0.180	(0.006)
ζ_5	0.216	(0.023)
ζ_6	-0.073	(0.012)
ζ_7	0.085	(0.018)
ζ_8	-0.125	(0.010)
ζ_9	-0.185	(0.005)
ζ_{10}	0.230	(0.024)
定数項	-0.008	(0.031)
サンプル数	6,418	

(注)　カッコ内は頑健な標準誤差を示す．

残高や一定期間におけるフローの借入額について訊いているが，これらの質問によっては，流動性制約の有無を判別することができない．なぜなら，例えば債務の残高や借入額がゼロである場合，流動性制約に直面しているためにこれらの額がゼロになっているのか，あるいは流動性制約に直面していないが借り入れが不要であったのかどうかが判別できないからである．また，借り入れがあった場合においても，必要なだけ借り入れることが出来たのか（流動性制約に直面していないケース），あるいは十分には借り入れが出来なかった（流動性制約に直面しているケース）のかを訊かなければならない．しかしながら，これらの質問は，標準的な家計調査では取り入れられておらず，通常の調査では把握することができない．そこで，本データの調査票はこれらの情報が直接得られるように設計しており，流動性制約の存在をデータから直接観察することが可能である．より具体的には，問35「あなた方ご夫婦は，過去3年の間に，借り入れをしたかったのに断られたことがありますか．あてはまる選択肢の番号に○をつけて下さい．（○はいくつでも）1　断られたことがある　2　認められたが減額されたことがある　3　ない」と問36「あなた方ご夫婦は，過去3

図表3-8　世帯間リスクシェアリングの検定

左辺の変数	生活費	衣類・履物支出	教養・娯楽・交際支出	生活費		衣類・履物支出		教養・娯楽・交際支出	
流動性制約の有無				NO	YES	NO	YES	NO	YES
ζ^h	0.189 (0.028)	0.175 (0.022)	0.184 (0.028)	0.162 (0.029)	0.318 (0.095)	0.151 (0.024)	0.272 (0.071)	0.179 (0.030)	0.226 (0.094)
サンプル数	2,344	2,342	2,331	2,123	221	2,120	222	2,110	221

(注)　カッコ内は頑健な標準誤差を示す．結果は示されていないが，推計には地域ダミーが含まれている．

年の間に，借り入れをしたかったのに断られることを見込んで最初からあきらめたことがありますか．いずれかに○をつけて下さい．（○は1つ）　1　最初からあきらめたことがある　2　ない」という2つの質問の回答を用いて，流動性制約の有無を直接判別することができる．問35で1ないしは2の選択肢を選んだ世帯，問36で1の選択肢を選んだ世帯は流動性制約に直面しているとした．一方，問35で3の選択肢を選んだ世帯，問36で2の選択肢を選んだ世帯は流動性制約に直面していないと判断することができる．

　これらの直接的情報を用い，流動性制約有無別に消費リスクシェアリング仮説の検定を行った．結果は図表3-8に示されている．この結果によれば，所得変動に対する消費の反応は流動性制約に直面している世帯（YESの世帯）ほど大きい．このことは，資金市場の不完全性がリスクシェアリングの欠如につながっている1つのメカニズムであることを示している．

6.　おわりに

　本章では，日本のミクロデータを用い，世帯内でのリスクシェアリングがどの範囲で行われているかを分析し，Unitary Model の検証を行った．分析結果からは，所得変動と消費変動には組織的な関係があり，Unitary Model が棄却されたことを示している．一方，所得変動が小さい場合には，限られた範囲ではあるものの，ある程度のリスクシェアリング効果も見られることが分かった．また，世帯間の消費リスクシェアリングについても，そのリスクシェアリング仮説が強く棄却されることが分かった．さらに，資金市場へのアクセスがリス

クシェアリングを促進する機能をもつ，あるいは逆に資本市場の不完全性が消費リスクシェアリングの不完全性をもたらす要因の1つであるという実証結果が得られた．

　世帯内リスクシェアリングのモデルを用いて日本の世帯行動を記述する際に Unitary Model が妥当であるのかあるいは Collective Model が適しているのかを識別することは，個人のみならず世帯が直面するさまざまな所得のリスクをどのように削減し，望ましい社会的なセーフティネットを政府が設計するうえで，重要な政策的示唆を与える．我々の実証結果は，所得や社会保障の給付が世帯内のどのメンバーに帰属するかに応じて，世帯内の消費への配分が強く影響されるということを示しており，政策のターゲットとなる個人を特定したうえで，そのターゲットに対する直接的な支援が可能となるような政策の設計を行っていくことが不可欠であることを示唆している．

参考文献

Altonji, Joseph G., Fumio Hayashi and laurence Kotlikoff [1997] "Parental Altruism and Inter Vivos Transfers: Theory and Evidence," *Journal of Political Economy*, 105(6), 1121-66.

Ashraf, Nava [2008] "Spousal Control and Intra-Household Decision Making: An Experimental Study in the Philippines," mimeographed, Harvard Business School.

Browning, Martin, Pierre-André Chiappori and Valérie Lechene [2006] "Collective and Unitary Models: a Clarification," *Review of the Economics of the Household*, 4(1), 5-14.

Carroll, Christopher and Miles Kimball [2006] "Precautionary saving and precautionary wealth," in Durlauf, Steven, N.; Blume, Lawrence, E. eds., *The New Palgrave Dictionary of Economics*, 2nd ed.

Cochrane, John H. [1991] "A Simple Test of Consumption Insurance," *Journal of Political Economy*, 99(5), 957-76.

Dercon, Stefan and Pramila Krishnan [2000] "In Sickness and in Health; Risk-Sharing within Households in Rural Ethiopia," *Journal of Political Economy* 108(4), 688-727.

Eswaran, Mukesh and Ashok Kotwal [1989] "Credit as Insurance in Agrarian Economies." Journal of Development Economics 31(1), 37-53.
Fafchamps, Marcel [2003] Rural Poverty, Risk and Development, Edward Elgar Publishing, Inc.
Fuwa, Nobuhiko, Seiro Ito, Kensuke Kubo, Takashi Kurosaki and Yasuyuki Sawada [2006] "An Introduction to: Intrahousehold Resource Allocation and Gender Discrimination: Microeconometric Studies on Rural Households in Andhra Pradesh, India," Developing Economies, 64(4), 375-97.
Hayashi, Fumio [1996] "Analysis of Household Saving: Past, Present, and Future," Japanese Economic Review, 47(1), 21-33.
Hayashi, Fumio, Joseph Altonji and Laurence Kotlikoff [1996] "Risk-Sharing Between and Within Families," Econometrica, 64(2), 261-94.
Horioka, Charles Yuji, Akane Murakami and Miki Kohara [2002] "How Do the Japanese Cope with Risk?," Seoul Journal of Economics, 15(1), 1-30.
Horioka, Charles Yuji and Wako Watanabe [1997] "Why Do People Save? A Micro-Analysis of Motives for Household Saving in Japan," Economic Journal, 107 (442), 537-52.
Kohara, Miki, Fumio Ohtake and Makoto Saito [2002] "A Test of the Full Insurance Hypothesis: The Case of Japan," Journal of the Japanese and International Economics, 16(3), 335-52.
Kohara, Miki, Fumio Ohtake and Makoto Saito [2006] "On Effects of the Hyogo Earthquake on Household Consumption: A Note," Hitotsubashi Journal of Economics, 47(2), 219-28.
Lee, Jeong-Joon and Yasuyuki Sawada [2007] "The Degree of Precautionary Saving: Re-examination," Economics Letters, 96(2), 196-201.
Mace, J. Barbara [1991] "Full Insurance in the Presence of Aggregate Uncertainty," Journal of Political Economy, 99(5), 928-96.
Saito, Makoto [1999] "Dynamic Allocation and Pricing in Incomplete Markets: A Survey," Monetary and Economic Studies, 17(1), 45-75.
Sawada, Yasuyuki and Satoshi Shimizutani [2008] "How Do People Cope with Natural Disasters? Evidence from the Great Hanshin-Awaji (Kobe) Earthquake in 1995," Journal of Money, Credit and Banking, 40(2-3), 463-488.
Sawada, Yasuyuki, Kazumitsu Nawata, Masako Ii and Jeong-Joon Lee [2007] "Did the Credit Crunch in Japan Affect Household Welfare? An Augmented Euler

Equation Approach Using Type 5 Tobit Model," *CIRJE Discussion Paper*, CIRJE-F-498, Faculty of Economics, University of Tokyo, May 2007.

Scott, Kinnon [2000] "Credit," in Margaret Grosh and Paul Glewwe, eds., *Designing Household Survey Questionnaires for Developing Countries : Lessons from Ten Years of LSMS Experience*, Vol. 2, the World Bank.

Thomas, Duncan [1990] "Intra-household Resource Allocation : An Inferential Approach," *Journal of Human Resources* 25(4), 635–664.

Townsend, M. Robert [1987] "Arrow-Debreu Programs as Microfoundations of Macroeconomics," in Bewley, Truman, F. eds., *Advanced in Economic Theory : Fifth World Congress*, Cambridge University Press, 379–428.

Townsend, M. Robert [1994] "Risk and Insurance in Village India," *Econometrica*, 62(3), 539–591.

Townsend, M. Robert [1995] "Consumption Insurance : An Evaluation of Risk-Bearing Systems in Low-Income Economies," *Journal of Economic Perspectives*, 9(3), 83–102.

Zhou, Yanfei [2003] "Precautionary Saving and Earnings Uncertainty in Japan : A Household-Level Analysis," *Journal of the Japanese and International Economies*, 17(2), 192–212.

澤田康幸［2004］「生活復興から見た支援のあり方」神戸大学阪神・淡路大震災メモリアル学術シンポジウム，2004年11月5日．

第Ⅱ部　世代間移転に関する分析

第4章　教育を通じた世代間所得移転*⁾

北條　雅一

1. はじめに——世代間の所得移転をもたらす教育投資

　本章では，親から子どもへの世代間の所得移転について，特に教育を通じた移転に注目して分析を行う．近年，我が国において所得格差の拡大傾向が注目されているが，所得格差は次の世代にも移転する．世代間の所得移転としては，遺産や生前贈与といった金融資産・実物資産の世代間移転が考えられるが[1]，教育を子どもの人的資本への投資と捉え，蓄積された人的資本によって子どもの将来の所得水準が上昇するという人的資本論の考え方に基づけば，教育もまた世代間の所得移転をもたらす役割をもつと考えることができる．

　教育を子どもの人的資本への投資として捉える場合，その投資資金の出し手について考えておく必要がある．例えば，大学進学の費用を奨学金やアルバイトなどを通じて子ども自身が工面するような場合は，教育を受ける本人が資金の出し手となって教育投資を行うことになるので，親から子どもへの教育を通じた所得移転とはならない．しかし，日本において一般的に観察されるのは，子どもではなく親が学費等の資金を提供するというケースであろう．この場合，親が教育資金を提供して，その収益を子どもが将来に受け取ることになり，教育を通じた親から子どもへの所得移転が発生することになる．

　親が子どもの教育投資の資金を提供するという状況においては，子どもの教育水準の決定に際して，子ども本人だけでなく親も関わることになる．このと

---

*) 本章の執筆に当たり，『世帯内分配・世代間移転に関する研究』プロジェクトの委員，ならびに井坂直人氏から有益なコメントをいただきました．ここに記して感謝申し上げます．

1) この点については，第5章が詳しい分析を行っている．

き，親の考え方や価値観と同時に，親あるいは家計の属性が子どもの教育水準の決定要因となりうる．例として，3人の子どもがいる家計を考えよう．裕福な親であれば，教育投資に回せる資金が潤沢なので全ての子どもに対して必要と考える水準の教育投資を行うことが可能である．しかしそうでない場合には，3人の子どもに教育資金をどのように配分するかを考えなければならなくなる．具体的には，第1子に優先的に教育投資をおこなう，男子（息子）の教育を優先する，出来の良さそうな子どもに重点的に教育を受けさせる，といった親の行動が該当する．この例は，子どもの教育水準の決定において，親の属性だけでなく，世帯の兄弟姉妹（以下，きょうだい）の数やその構成，さらには出生順序などが影響をもちうることを示唆している．

教育を通じた所得移転に関する実証分析は，国内外のデータを使用したものが数多く蓄積されている（詳細は次節に記述）．最近の研究では，子どもの教育水準の決定要因として親の属性（学歴，職業，所得など）に加えて，上で挙げたきょうだい数やその男女構成，出生順序などに注目したものが増えてきている．しかしながら，日本の家計における教育投資の現状を踏まえると上記以外にも要因が存在していると考えられるため，そうした要因を考慮していない従来の分析は現状を正しく反映していない可能性がある．

我が国では1980年以降，段階的に学習指導要領が改訂され，その都度学習時間の削減が実施されてきた．そうしたなか，公立学校の授業量不足を不安視する教育熱心な親の間で，子どもを私立学校に通わせる傾向（いわゆる「お受験」）が高まってきた．図表4-1は，小学校・中学校の私立学校在籍者率の推移をまとめたものであるが，1980年以降，私立学校在学者の比率が趨勢的に上昇していることが分かる．

こうした状況を考慮すると，子どもへの教育投資を通じた所得移転を考える際に，子どもを私立学校に通わせるか公立学校に通わせるかといった選択を無視することはできないと考えられる．私立学校は公立学校に比べて授業料が高いだけでない．難易度や威信の高い私立学校に合格するためには学習塾などの学校外学習を受けることが必要と考える親の意見を耳にすることがあるが，その場合にはさらなる学習費の負担が必要となる．仮に，私立学校と公立学校で提供される教育の質が異なり，私立学校在籍者のほうがより質の高い教育を受

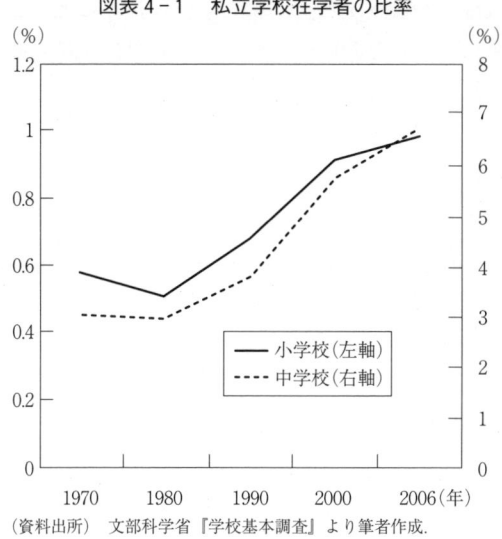

図表 4-1　私立学校在学者の比率

（資料出所）　文部科学省『学校基本調査』より筆者作成.

けているとすれば，私立学校出身者のほうがより難易度の高い（あるいは知名度や威信の高い）大学へ進学する確率が高まり，その帰結として企業への就職や入社後の昇進に有利に働く可能性がある．言い換えれば，子どもを私立学校に通わせることによって，親から子どもへの教育を通じた世代間所得移転がより促進されうるということになる．

本章で分析するのは，財団法人家計経済研究所が 2006 年 10 月～12 月に実施した『世帯内分配・世代間移転に関する研究』調査（以下，『世帯内・世代間調査』）のデータである．この調査では，子ども一人ひとりについて年齢や性別，学歴に加え，通っていた学校を国公立・私立を区別して質問しており，これが特徴の 1 つとなっている．本章では，子どもの教育歴を国公立・私立に区別して計測し，私立学校に通うことが子どもの最終学歴を高める効果を検証する．こうした研究は前例が少なく，本章の大きな特徴となっている．

本章の実証分析の結果，①一人っ子の子どもはきょうだいがいる子どもに比べて大学進学確率が上昇するが，きょうだいが 2 人以上いる場合はきょうだいの数が増えても大学進学確率は低下しない，②出生順序の早いきょうだい（すなわち兄）がいることによって，男子は大学進学確率が低下し，女子は短期大

学以上に進学する確率が低下する，③私立学校に通うことによって大学進学確率が上昇する効果は女子にのみ確認され，その効果は中学・高校と私立学校に通う場合に限定される，の3点が明らかとなった．

　本章の構成は以下のとおりである．第2節では，教育を通じた所得移転に関する先行研究について，国内のデータを用いた文献を中心に概観する．第3節では，本章で使用する『世帯内・世代間調査』のデータに関して説明する．第4節では，実証分析のモデルと仮説について説明する．第5節では，推計結果について説明し考察をおこなう．第6節は，本章の分析から導かれる政策的インプリケーションおよび結語である．

2. 子どもの教育水準の決定要因に関する先行研究

　日本における教育を通じた世代間の所得移転に関する先行研究としては，樋口［1992］が包括的である．樋口［1992］は，親の所得階層別の大学進学率の推移を国公私立や入試難易度を区別して観察し，所得階層の高い家計の子どもほど難易度の高い大学に進学し，その帰結として高い所得を得る傾向を確認している．ただし，筆者自身も指摘している通り，樋口［1992］でなされた実証分析の多くは大学や産業，企業規模別の平均値データを用いた相関分析や回帰分析に基づいているため，見かけ上の相関関係を捉えている可能性がある．

　親の学歴や所得が子どもの大学進学決定に及ぼす影響を分析した研究に中村［1993］がある．中村［1993］は『就業構造基本調査』の個票データから子どもの大学進学決定要因を分析し，父親の所得が高いほど子どもの大学進学率が上昇すること，また女子については父親の職業や両親の学歴が影響を及ぼすことを明らかにしている．しかしながら，データの制約上，分析対象は都市部に在住している家計に限定されている．

　近年，子どもの教育水準に影響を及ぼす要因として親の学歴や所得水準以外のものに注目した研究が増えてきている．Edwards and Pasquale［2003］は，財団法人家計経済研究所の『消費生活に関するパネル調査』（JPSC）を用いて女性の大学進学の決定要因を分析し，母親の学歴，家計所得，きょうだい数，私立高校に通っていたこと，通塾していたこと，などが女性の大学進学確率に

影響していることを明らかにしており,特に母親が大学卒業であることが娘の大学進学確率を高めることを報告している.ただし,研究の目的上,分析対象は女性に限定されている.

世帯内での兄弟姉妹構成に注目した研究にOno［2004］がある.Ono［2004］は『社会階層と社会移動全国調査』（SSM調査）を用いてきょうだい間の学歴格差について分析し,娘より息子の大学進学確率が高いこと,また男兄弟の存在が女子の大学進学確率を低めることを報告しており,日本の家計においては息子に対して大学教育投資が重点的におこなわれることを明らかにしている.しかしながら,Onoの分析はデータの制約上,きょうだい数を推計によって求めているという問題点がある.

きょうだいの出生順序に特に注目している研究としてBlack, Devereux and Salvanes［2005］がある.Blackらはノルウェーの家計データを用いてきょうだい数やその男女構成,出生順序を考慮して実証分析をおこなっている.その結果,きょうだい数と子どもの就学年数の間に観察される負の相関関係は,子どもの出生順序を考慮すると消滅することを明らかにした.また,出生順序の遅い子どもほど就学年数が短くなることも発見している[2].

子どもの教育水準を決定する要因として親の期待に注目しているものもある.経済企画庁（現：内閣府）［1998］で実施されたアンケート調査の結果,親が子どもに望む学歴は親自身の学歴や職種と関係していること,息子に受けさせたい教育は娘よりも高い水準であること,特に専業主婦で子どもに高い教育を受けさせたいと考えている人が多いことなどが明らかとなっている[3].

私立学校への進学,およびそれがのちの進路に及ぼす影響を分析している研究は少ない.西丸（2008）は,国立および私立中学校への進学が大学進学に及ぼす影響を検討し,国・私立中学校の中でも中高一貫制の学校に進学することが,のちの大学進学において入試難易度の高い大学への進学に結び付く傾向を明らかにしている.また,松浦・滋野（1996）は,『家計調査』と『貯蓄動向調査』の個票データを用いて,義務教育段階における子どもの公立／私立の学

2）日本のデータを用いて出生順序の影響を分析したものとして,『大阪大学COE親子ペア調査』を用いた田中［2006］,『全国家族調査』を用いた玉田［2006］がある.
3）田中［2006］は親の期待が親の教育投資に与える影響を分析している.

校選択の決定要因を分析し,親の所得や資産,父親の職業といった要因が子どもの学校選択に影響していることを明らかにしている.

以上で概観した先行研究から,教育を通じた世代間所得移転に関する実証分析では,親の学歴や職業,所得,きょうだい数やその男女構成,出生順序,といった要因が注目されていることが分かる.一方で,私立学校に通うことの影響や親が子どもに対して抱いている期待に関する分析は限定されており,本章の分析はこの分野への貢献と考えることができる.

3. アンケート結果の概観

3.1 子どもの数と年齢階層

本章の分析対象は,『世帯内・世代間調査』で調査対象となった 2,814 家計の 5,775 名の子どもである[4].本調査では,子どもの性別や年齢,学歴といった基本的な属性に加え,通っている学校(すでに卒業している場合は,通っていた学校)の種類やそれぞれの子どもに対して親が抱いている(抱いていた)期待についても,各家計の第 5 子までの子ども一人ひとりに関して利用可能となっている[5].本章の分析は,調査対象となった家計のそれぞれの子どもを 1 つの観測値として扱う.

図表 4-2 は,家計単位でみた場合の子ども数をまとめたものである.子ども 2 人の家計が全体の半数以上 (51.6%) を占め,次いで 3 人 (24.2%),1 人 (14.8%),子どもなし (6.0%) の順となっている.なお,子ども数が 5 人以上の家計が 17 家計と少ないことを考慮し,以降の分析においては「きょうだい数 4 人以上」「出生順 4 番目以降」というかたちでまとめて扱っている.

図表 4-3 は,年齢階層別に子ども数をまとめたものである.本調査は,30 歳〜59 歳の既婚女性を調査対象としているため,年齢の若い女性については子どもが乳幼児であるケースも少なくない.その一方で,すでに子どもが就学期間を終えて独立し,就労して収入を得ているようなケースもある.以降にお

---

4) 調査概要については序章を参照されたい.
5) 第 6 子以降の子どもに関しては,以降の実証分析に必要な情報が不足しているため,サンプルから除外している.

図表4-2　世帯別子ども数

子ども数	観測数	(%)
0	170	6.04
1	415	14.75
2	1,452	51.60
3	680	24.16
4	80	2.84
5	9	0.32
6	6	0.21
7	1	0.04
8	1	0.04
合計	2,814	100

図表4-3　年齢階層別子ども数

年齢階層	観測数	(%)
0～5	647	12.05
6～11	1,050	19.56
12～14	520	9.69
15～17	522	9.72
18～21	747	13.92
22～29	1,264	23.55
30～	618	11.51
合計	5,368	100

図表4-4　子どもの最終学歴

	男子(%)	女子(%)
中学校卒	24(2.09)	25(2.24)
高校卒	354(30.06)	303(27.17)
専門学校卒	146(12.68)	132(11.84)
短大・高等専門学校卒	61(5.30)	277(24.84)
大学・大学院卒	562(48.83)	373(33.45)
予備校生	12(1.04)	5(0.45)
合計	1,151(100)	1,115(100)

(注) 1．予備校生は通学中であり最終学歴ではない．
2．大学・大学院在学中の子どもも卒業として分類している．

いては，年齢や性別，学歴などの基本的な情報が不明である子どもは除外されている．

3.2　子どもの最終学歴と通った学校の種類：国公立学校・私立学校

図表4-4は，20歳以上の子どもの最終学歴を男女別にまとめたものである[6]．男女ともに中学校卒以下の学歴の子どもは少なく，高校卒・専門学校卒では男子の比率がやや高い．短大・高等専門学校卒は女子が男子を大きく上回っているが，これは日本において女子の高等教育が主に短期大学進学のかたち

---

6) 予備校生は在学中である．また，対象年齢を20歳以上としているため，大学・大学院に在学している子どもも卒業として分類している．

図表 4-5 子どもが通った学校の設置者

	男子		女子	
	国公立(%)	私立(%)	国公立(%)	私立(%)
幼稚園	425(47.07)	478(52.93)	431(47.78)	471(52.22)
小学校	901(96.16)	36(3.84)	890(95.70)	40(4.30)
中学校	872(92.86)	67(7.14)	845(90.67)	87(9.33)
高校	690(69.70)	300(30.30)	645(66.22)	329(33.78)
大学	148(23.16)	491(76.84)	139(21.16)	518(78.84)

をとっていた事実と整合的である．大学・大学院卒では男子が女子を 15 ポイント程度上回っており，男子の大学進学率は 50％に近い値となっている．

　図表 4-5 は，20 歳以上の子どもについて，通っていた（就学中の場合は現在通っている）学校の設置者種別を，男女別に国公立と私立に分けてまとめたものである．幼稚園では私立に通った子どもが半数以上を占めるが，小学校になると私立に通った子どもは 4％程度となり（男子 3.8％，女子 4.3％），中学校でも私立に通った子どもは 1 割未満（男子 7.1％，女子 9.3％）にとどまっている．高校になると私立の比率は男女とも 3 割を超え，大学では 75％以上の子どもが私立大学に通っている．なお，男女間で傾向に大きな違いは確認されない．

　図表 4-6 は，20 歳以上の子どもに関して，小学校から高校まで学校の設置者別に通ってきた学校の経路をまとめたものである．男女ともに，すべて国公立学校に通ってきた子どもが最も多く，全体の 65％以上を占めている．次いで多いのが高校のみ私立学校に通うケースで，全体の約 25％が該当する．小学校のみ国公立で中学・高校と私立学校に通うケースは男子で全体の 3.5％，女子で 5.1％となっている．注目されるのは，私立の小学校に通った子どもである．小学校から私立学校に通った子どもの場合，その後も中学・高校と私立学校に通うケースが圧倒的に多く，男子の 64％，女子に至っては 86％が高校まで私立学校に通い続けていることがわかる．

　図表 4-7 は，図表 4-6 を都市部（政令指定都市）とそれ以外の居住地域に分けて集計したものである．まず，都市部はそれ以外の地域に比べて，全て国公立学校に通う子どもが 10 ポイント以上少ないことがわかる．一方で，高校

図表4-6　在籍した学校の設置者別経路（男女別）

小学校	中学校	高校	男子(%)	女子(%)
公 →	公 →	公	630(68.47)	598(65.43)
公 →	公 →	私	224(24.35)	232(25.38)
公 →	私 →	公	1(0.11)	0(0.00)
公 →	私 →	私	32(3.48)	47(5.14)
私 →	公 →	公	1(0.11)	2(0.22)
私 →	公 →	私	2(0.22)	0(0.00)
私 →	私 →	公	9(0.98)	3(0.33)
私 →	私 →	私	21(2.28)	32(3.50)
合計			920(100)	914(100)

(注) 国公立学校を「公」，私立学校を「私」と表記している．

図表4-7　在籍した学校の設置者別経路（居住地域別）

小学校	中学校	高校	都市部(%)	都市部以外(%)
公 →	公 →	公	231(58.19)	997(69.38)
公 →	公 →	私	114(28.72)	342(23.80)
公 →	私 →	公	1(0.25)	0(0)
公 →	私 →	私	32(8.06)	47(3.27)
私 →	公 →	公	0(0.00)	3(0.21)
私 →	公 →	私	1(0.25)	1(0.07)
私 →	私 →	公	1(0.25)	11(0.77)
私 →	私 →	私	17(4.28)	36(2.51)
合計			397(100)	1,437(100)

(注) 国公立学校を「公」，私立学校を「私」と表記している．

から私立学校に通うケース，中学・高校と私立学校に通うケース，および全て私立学校に通うケースが都市部では多くなっており，都市部に居住する子どものほうが私立学校に通う傾向が強いことが読みとれる．よく知られているとおり，公立学校と私立学校の学費には大きな開きがある．文部科学省［2005］によると，公立中学校の1年分の学習費は約46万9,000円であるのに対し，私立中学校では平均で約127万円と2.7倍の金額となっている．また，幼稚園から小学校までの14年間全て公立学校に通ったケースの学習費総額は約531万円，小学校のみ公立で他は全て私立学校に通った場合の学習費総額は約982万円となっており，子どもを私立学校に通わせる場合の親の学習費負担は決して小さいものではない．

図表 4-8　子どもに対する期待

	男子(%)	女子(%)
1．大学(6年制)又は大学院まで進学させたい	299(11.76)	165(6.59)
2．定評ある大学(4年制)に進学させたい	533(20.96)	387(15.47)
3．どこの大学でもよいから，大学(4年制)まで進学させたい	480(18.88)	319(12.75)
4．短期大学・高等専門学校まで進学させたい	146(5.74)	459(18.35)
5．高校まで進学させたい	234(9.20)	264(10.55)
6．本人の希望に任せる	851(33.46)	908(36.29)
合計	2,543(100)	2,502(100)

3.3　親が子どもに抱く期待

　図表4-8は，すべての子どもに関して，親が抱いている期待を子どもの男女別にまとめたものである．これは，回答者のそれぞれの子どもに対して，将来どこまで教育を受けさせたいか（子どもがすでに就学期間を終了している場合は，その子どもが15歳の時にどこまで受けさせたいと思っていたか）を問う質問に対する回答である．本調査の結果で特徴的なのは，男子（息子）に対しても女子（娘）に対しても「6．本人の希望に任せる」という親が最も多い点であり，男子に対する期待の33.5％，女子では36.3％を占めている．この点に加え，男子に対しては「2．定評ある大学（4年制）」「3．どこの大学でもよいから，大学（4年制）」まで進学させたいと考える親が多く，女子に対しては「4．短期大学・高等専門学校まで」進学させたいという親が多いことも読み取れる．

　図表4-9は，すべての子どもに関して，誕生順と親の期待を男女別にクロス集計したものである．なお，親の期待の番号は図表4-8の選択肢の番号と対応しており，番号が小さいほど大きな期待を表している．男子，女子ともに，誕生順が1番目の子ども（第1子）に対しては，それ以降の子どもに比べて「1．大学（6年制）又は大学院まで」「2．定評ある大学（4年制）まで」進学させたいと考えている親がやや多いことが読みとれる．また，誕生順が遅くなるにつれて「6．本人の希望に任せる」と考えている親が増えている点は興味深い．

図表 4-9　親の期待と誕生順

男子(息子)

誕生順	大	親の期待(%)				小	合計
	1	2	3	4	5	6	
1	13.23	21.20	19.00	5.17	8.48	32.91	100
2	10.82	20.72	19.28	6.29	9.90	32.99	100
3	10.62	20.94	17.11	5.90	9.73	35.69	100
4	3.64	20.00	20.00	7.27	9.09	40.00	100

女子(娘)

誕生順	大	親の期待(%)				小	合計
	1	2	3	4	5	6	
1	7.73	16.43	13.14	18.12	10.39	34.19	100
2	6.20	15.65	12.30	19.11	10.16	36.59	100
3	4.35	13.04	12.46	18.26	11.30	40.58	100
4	4.26	6.38	14.89	8.51	17.02	48.94	100

4. 子どもの教育水準はどのように決定されるか

　教育を通じた世代間の所得移転を検証するため，子どもの教育水準の決定要因を推計するモデルを考える．子どもの教育水準に影響を及ぼす可能性があるものとして本章で考慮するのは，①きょうだい数やその男女構成といったきょうだいに関する特性，②性別・年齢・出生順序・通った学校の種類（国公立／私立）など子ども本人の特性，③親の所得や学歴などの親の特性，の大きく分けて3つの要因である．

　1点目のきょうだいに関する特性のうち，きょうだい数の影響については国内外のデータを用いた多くの先行研究において検証されており，きょうだい数と教育水準の間に負の相関があることが確認されている．これは，子どもの数が増えると親の教育費負担が増大し，その結果として親が流動性制約に直面すると子どもへの教育投資が過少になるためである[7]．きょうだいの男女構成の影響についても，国内外のデータを用いた実証分析が蓄積されてきている[8]．日本のデータを用いた実証研究としては Ono [2004] があり，娘よりも息子の大学進学確率が高いこと，男兄弟のいる女性ほど大学進学確率が低下するこ

とを確認している．また，図表4-4から明らかなように，本章で扱うデータにおいても男子のほうが大学進学率は高い．これらのことから，日本の世帯においては娘より息子に対して重点的に教育投資を行っており，結果としてきょうだいの男女構成が大学進学確率に影響を及ぼしている可能性がある．なお本章では，きょうだいの男女構成に関して，男兄弟の有無および自分より出生順序の早い男兄弟の有無（すなわち兄の有無）の2つの影響を分析する．

2点目の子ども本人の特性に関しても多くの研究成果があるが，本章の特色は通った学校の種類を国公立学校と私立学校に区別し，私立学校に通ったことの効果を分析する点にある．もし，私立学校で提供される教育の質が国公立学校よりも高ければ，私立学校に通うことによって最終的な子どもの学歴は上昇することが予想される．

3点目の親の特性に関しては，先行研究で用いられてきたものを本章の分析においても考慮する．父親の所得は家計の裕福度の代理変数であり，父親の所得が高いほど親は流動性制約に直面する可能性が低下するため，子どもに対して必要な教育投資を行うことが可能となる．その他，母親の年齢と両親の学歴に関する変数も説明変数に加える．なお，両親の学歴，特に母親の学歴については，子どもの観測されない能力と相関していると考えられるので，推定値に上方バイアスが発生している可能性がある．そのため解釈には注意が必要である．

以上の3つの要因を考慮し，本章では次のような実証モデルを推計する．

$$\Pr(univ=1|X_1, X_2, X_3) = \Phi(X_1\beta_1 + X_2\beta_2 + X_3\beta_3)$$

$univ$ は子どもが大学に進学していれば1，そうでない場合は0をとるダミー変数である．X_1 はきょうだい数や男女構成などきょうだいの特性に関する変

7）このような負の相関関係が因果関係であると解釈することには注意が必要である．Becker and Lewis [1973] が発展させた Quantity-Quality Model（子どもの量と質モデル）の枠組みにおいては，親の子どもへの需要は子どもの人数（子どもの量）と子どもへの投資額（子どもの質）の2つの要素で構成されており，子どもの量と質は同時に決定される可能性があるからである．こうした点を考慮し，子どもの数を外生的にコントロールしたものに Rosenzweig and Wolpin [1980]，Black, Devereux and Salvanes [2005] がある．

8）米国のデータを用いた研究に Butcher and Case [1994]，Kaestner [1997]，台湾のデータを用いたものに Parish and Willis [1993] がある．

第4章 教育を通じた世代間所得移転　　　105

図表4-10　記述統計

	標本数	平均値	標準偏差	最小値	最大値
大学進学ダミー	1,990	0.4121	0.4923	0	1
就学年数	1,990	13.9955	1.8721	9	16
きょうだい数(自分を含む)	1,990	2.5106	0.7842	1	7
きょうだい数ダミー(自分を含む)					
1人	1,990	0.0457	0.2089	0	1
2人	1,990	0.4920	0.5001	0	1
3人	1,990	0.3975	0.4895	0	1
4人以上	1,990	0.0648	0.2463	0	1
誕生順ダミー					
1番目	1,990	0.5075	0.5001	0	1
2番目	1,990	0.3734	0.4838	0	1
3番目	1,990	0.1085	0.3111	0	1
4番目以降	1,990	0.0106	0.1022	0	1
年齢階層ダミー					
20〜24歳	1,990	0.3920	0.4883	0	1
25〜29歳	1,990	0.3407	0.4741	0	1
30〜34歳	1,990	0.2251	0.4178	0	1
35歳以上	1,990	0.0422	0.2011	0	1
男兄弟ダミー	1,990	0.5955	0.4909	0	1
上に男兄弟ダミー	1,990	0.2809	0.4496	0	1
女子ダミー	1,990	0.4910	0.5000	0	1
母親年齢	1,990	53.6749	3.9691	38	59
父親所得(万円)	1,990	423.1543	368.4941	0	4,800
母親大卒ダミー	1,990	0.2432	0.4291	0	1
父親大卒ダミー	1,990	0.3603	0.4802	0	1
政令指定都市ダミー	1,990	0.2191	0.4137	0	1
上のきょうだいとの年齢差	972	2.9033	1.6055	0	14
学校経路ダミー					
①すべて私立(私→私→私)	1,632	0.0288	0.1673	0	1
②中学・高校私立(公→私→私)	1,632	0.0441	0.2054	0	1
③高校のみ私立(公→公→私)	1,632	0.2482	0.4321	0	1

(注) 20歳以上の子どもで，推定に含まれたサンプルに関する記述統計である．

数のベクトル，X_2は性別や出生順序，通った学校の種類など本人の属性に関する変数のベクトル，X_3は親の属性に関する変数のベクトル，Φは標準正規分布関数である．それぞれの変数の記述統計は図表4-10にまとめられている．欠損値を含む観測値を除いたサンプルの標本数は1,990である．

5. 子どもの教育水準の決定要因に関する分析結果

5.1 きょうだい数・きょうだいの男女構成・出生順序の影響

　図表4-11は，20歳以上の子どもについて，子どもの教育水準を「大学進学ダミー」で計測した場合の推定結果である．推定にはprobitを使用した．報告されている数値は各変数の限界効果の値である．

　まず，きょうだい数の影響について考察する．第1列は，自分を含むきょうだいの数をそのまま説明変数とした場合の推定結果である．きょうだい数は負で統計的に有意な推定値となっており，きょうだい数が多いほど大学進学の確率が低下するという結果となっている．また，きょうだい数をダミー変数でコントロールした第2列においても同様の結果が得られている．以下では，きょうだい数をダミー変数でコントロールした場合の推定結果のみを報告するが，きょうだい数をそのまま説明変数とした場合でも結果は実質的に変化しないことを確認している．

　次に，出生順序が与える影響を確認する．第2列の推定結果から，出生順序が2番目の子どもは第1子に比べて大学進学確率が有意に低下していることがわかる．一方で，3番目以降に出生した子どもの大学進学確率は第1子と有意な差は確認されないという結果になっているが，後述するように，このような第2子の大学進学確率が低下する効果は頑健なものではない．

　次に，きょうだいの男女構成の影響について分析する．第3列では，きょうだいに男の兄弟（すなわち兄あるいは弟）がいる場合に1の値をとるダミー変数の効果を報告しているが，男兄弟の存在は大学進学確率に有意な影響を及ぼしていないことが確認される．しかしながら，第4列で報告されているように自分より出生順序の早い男兄弟がいるというダミー変数を説明変数とすると，このダミー変数は負で統計的に有意な推定値となった．この結果は，自分より年齢が上の男兄弟，すなわち兄がいる場合にのみ大学進学確率が低下することを意味しており，親が出生順序の早い息子に対して重点的に教育投資を行っている可能性を示唆していると考えられる．なお第4列では，出生順2番目を示すダミー変数の有意性が失われていることも確認される．

図表4-11 プロビット推定結果：大学進学の決定要因

被説明変数：大学進学ダミー

	(1)	(2)	(3)	(4)
きょうだい数	−0.0452**			
	(0.0190)			
きょうだい2人		−0.1179**	−0.1043*	−0.1181**
		(0.0562)	(0.0577)	(0.0563)
きょうだい3人		−0.1402**	−0.1199**	−0.1401**
		(0.0569)	(0.0600)	(0.0569)
きょうだい4人以上		−0.1453**	−0.1257	−0.1463**
		(0.0739)	(0.0782)	(0.0739)
出生順2番目	−0.0676***	−0.0618***	−0.0612***	−0.0306
	(0.0230)	(0.0234)	(0.0234)	(0.0295)
出生順3番目	−0.0471	−0.0576	−0.0577	−0.0139
	(0.0403)	(0.0403)	(0.0403)	(0.0487)
出生順4番目	−0.0549	−0.1115	−0.1149	−0.0639
	(0.1201)	(0.1183)	(0.1180)	(0.1300)
女子ダミー	−0.1439***	−0.1450***	−0.1448***	−0.1450***
	(0.0233)	(0.0233)	(0.0233)	(0.0233)
男兄弟ありダミー			−0.0284	
			(0.0266)	
上に男兄弟ありダミー				−0.0609*
				(0.0335)
年齢階層：20〜24歳	0.2763***	0.2740***	0.2739***	0.2782***
	(0.0746)	(0.0748)	(0.0749)	(0.0747)
年齢階層：25〜29歳	0.1800**	0.1784**	0.1785**	0.1824**
	(0.0713)	(0.0713)	(0.0714)	(0.0713)
年齢階層：30〜34歳	0.1053	0.1047	0.1052	0.1097
	(0.0671)	(0.0672)	(0.0673)	(0.0673)
母親年齢	0.0096**	0.0097**	0.0097**	0.0098**
	(0.0044)	(0.0044)	(0.0044)	(0.0044)
父親所得	0.0002***	0.0002***	0.0002***	0.0002***
	(0.0001)	(0.0001)	(0.0001)	(0.0001)
母親大卒ダミー	0.1497***	0.1527***	0.1532***	0.1522***
	(0.0367)	(0.0366)	(0.0367)	(0.0366)
父親大卒ダミー	0.1741***	0.1724***	0.1730***	0.1747***
	(0.0330)	(0.0332)	(0.0334)	(0.0333)
政令指定都市ダミー	−0.0088	−0.0063	−0.0061	−0.0056
	(0.0322)	(0.0324)	(0.0324)	(0.0325)
サンプル数	1,990	1,990	1,990	1,990

(注) 1. 報告されている値は限界効果である．カッコ内の標準誤差は，同一家計内における誤差項の相関を考慮している．
2. 定数項は推定式に含まれているが報告していない．
3. *は統計的有意性を示している．*有意水準10％；**有意水準5％；***有意水準1％

子ども本人の属性については，女子は男子に比べて大学進学確率が有意に低くなっていること，若い年齢の子どもほど大学進学確率が高くなっていることが確認される．また，親の特性に関する変数については，母親の年齢や父親の所得，両親の学歴が統計的に有意な影響を与えていること，都市部居住の代理変数である政令指定都市ダミーが統計的に有意ではないことが確認される．

きょうだい数，出生順序，およびきょうだいの男女構成に関する以上のような推定結果は頑健なものであろうか．図表4-12では，推定結果の頑健性を確認している．第1列では，被説明変数を就学年数とした場合のOLS推定結果を報告している．きょうだい数の影響については，きょうだい数が3人以上になると就学年数が有意に短くなることが確認されるが，2人きょうだいの場合はきょうだい2人の就学年数に統計的に有意な差は観察されない．また，出生順序も有意な影響を及ぼさないことが分かる．

第2列は，一人っ子を除いた場合の推定結果である．ここで注目すべきはきょうだい数の影響である．きょうだい数のダミー変数に統計的に有意な推定値となっているものはない．したがって，図表4-11で確認されたきょうだい数の負の効果は，あくまで一人っ子と比べた場合にきょうだいが多くなると大学進学確率が低くなると解釈すべきであり，きょうだい数が2人以上であれば，きょうだいが増えても大学進学確率は低下しないことを示唆していると考えられる．このことは，図表4-11の第2列の推定において，きょうだい数のダミー変数の推定値がすべて等しいという帰無仮説をWald検定で検定した場合に帰無仮説を棄却できない（p-value=0.6734）ことからも確認される．また，ここでも出生順序2番目を示すダミー変数が統計的な有意性を失っていることが確認される．

第3列には，第1子を除いたサンプルによる推定結果を報告している．ここでも，きょうだい数や出生順序のダミー変数に有意なものはないことが確認される．なお，第1子をサンプルから除くことによって，すぐ上のきょうだい（すなわち，出生順序が1つ早いきょうだい）との年齢差が大学進学確率に与える影響を分析することが可能となる．すぐ上のきょうだいとの年齢差が小さい場合，例えばきょうだい2人が同時に大学に進学するような状況になると，親の教育費負担の期間がきょうだい間で重複してしまい，結果として出生順序の

図表 4-12　推定結果：頑健性の確認

	被説明変数：就学年数 全サンプル	きょうだい数 2人以上	出生順 2番目以降	出生順 2番目以降
きょうだい2人	−0.2793 (0.1947)			
きょうだい3人	−0.3491* (0.2025)	−0.0216 (0.0296)	0.0039 (0.0393)	0.0020 (0.0396)
きょうだい4人以上	−0.6370* (0.3313)	−0.0352 (0.0673)	0.0107 (0.0855)	0.0092 (0.0861)
出生順2番目	−0.1262 (0.0973)	−0.0319 (0.0295)		
出生順3番目	−0.1381 (0.1719)	−0.0193 (0.0486)	−0.0086 (0.0430)	−0.0079 (0.0435)
出生順4番目	−0.1337 (0.4782)	−0.0739 (0.1275)	−0.0825 (0.1261)	−0.0885 (0.1253)
女子ダミー	−0.1575** (0.0796)	−0.1442*** (0.0238)	−0.1690*** (0.0329)	−0.1736*** (0.0330)
上に男兄弟ありダミー	−0.2621** (0.1194)	−0.0598* (0.0334)	−0.0643* (0.0343)	−0.0691** (0.0345)
上のきょうだいとの年齢差				−0.0082 (0.0111)
サンプル数	1,990	1,899	980	972

(注)　1.　報告されている値は限界効果である．カッコ内の標準誤差は，同一家計内における誤差項の相関を考慮している．
　　　2.　年齢階層ダミー，母親年齢，父親所得，母親大卒ダミー，父親大卒ダミー，政令指定都市ダミー，定数項は推定式に含まれているが報告していない．
　　　3.　*は統計的有意性を示している．*有意水準10％；**有意水準5％；***有意水準1％

遅い子どもの教育投資が過少になる可能性がある．このことを確認するため，第4列ではすぐ上のきょうだいとの年齢差を説明変数として加えた推定を行ったが，年齢差の変数の効果は統計的に有意ではないことが明らかとなった．

以上の推定においては，男女間の大学進学確率の差異を女性ダミーによってコントロールしてきたが，説明変数の効果が男女間で異なる可能性も考えられる．そこで，サンプルを男女別に分けて推定を行いこの点を確認することにする．推定結果は図表4-13に報告されている．

第1列と第2列は男子サンプルに限定した場合の推定結果である．きょうだい数の効果は図表4-11と同様であり，第2列の結果から，一人っ子の場合に

図表4-13 プロビット推定結果：男女別サンプル

被説明変数	男子サンプル			女子サンプル		
	大学進学	大学進学	大学進学	大学進学	短大進学以上	短大進学以上
きょうだい2人	-0.1369*	-0.1619**	-0.0690	-0.0673	0.0886	0.0689
	(0.0780)	(0.0759)	(0.0818)	(0.0793)	(0.0934)	(0.0909)
きょうだい3人	-0.0948	-0.1351*	-0.1445*	-0.1426*	0.0258	-0.0037
	(0.0849)	(0.0794)	(0.0816)	(0.0778)	(0.0988)	(0.0940)
きょうだい4人以上	-0.1546	-0.1907*	-0.0957	-0.0949	0.0088	-0.0259
	(0.1121)	(0.1043)	(0.0963)	(0.0930)	(0.1233)	(0.1193)
出生順2番目	-0.0187	0.0212	-0.1046***	-0.0840**	-0.1595***	-0.1059**
	(0.0349)	(0.0433)	(0.0334)	(0.0396)	(0.0358)	(0.0423)
出生順3番目	-0.0557	0.0054	-0.0700	-0.0420	-0.1704***	-0.0933
	(0.0624)	(0.0737)	(0.0534)	(0.0614)	(0.0655)	(0.0727)
出生順4番目	0.0067	0.0730	-0.2390**	-0.2205*	-0.2779	-0.1756
	(0.1656)	(0.1682)	(0.1072)	(0.1243)	(0.1755)	(0.1920)
男兄弟ありダミー	-0.0534		0.0039		-0.0392	
	(0.0387)		(0.0376)		(0.0428)	
上に男兄弟ありダミー		-0.0800*		-0.0397		-0.1067**
		(0.0474)		(0.0452)		(0.0502)
年齢階層：20～24歳	0.1174	0.1173	0.4715***	0.4715***	0.3420***	0.3491***
	(0.1021)	(0.1023)	(0.1067)	(0.1071)	(0.0848)	(0.0834)
年齢階層：25～29歳	0.0246	0.0238	0.3813***	0.3818***	0.3240***	0.3309***
	(0.0957)	(0.0958)	(0.1098)	(0.1101)	(0.0740)	(0.0728)
年齢階層：30～34歳	-0.0133	-0.0119	0.2744**	0.2771**	0.1825**	0.1916***
	(0.0906)	(0.0908)	(0.1175)	(0.1176)	(0.0727)	(0.0715)
サンプル数	1,013	1,013	977	977	977	977

(注) 1. 報告されている値は限界効果である。カッコ内の標準誤差は、同一家計内における誤差項の相関を考慮している。
2. 母親年齢、父親所得、父親および母親大卒ダミー、政令指定都市ダミー、定数項は推定式に含まれているが報告していない。
3. *は統計的有意性を示している。*有意水準10%；**有意水準5%；***有意水準1%

比べるときょうだい数が多くなるにつれて大学進学確率が低下していることが確認される．出生順序のダミー変数は統計的に有意な推定値となっているものはない．男兄弟に関する変数では，兄がいる場合に大学進学確率が有意に低下するという結果となっている．年齢階層ダミーについては正の推定値となっているものの統計的に有意なものはない．

　第3列から第6列は女子サンプルに限定した場合の推定結果である．第5列と第6列の被説明変数は，短大・高専以上に進学していれば1の値をとるダミー変数である．これは，かつて女子の高等教育として短期大学への進学が主流であったことを考慮するためである．まず，年齢階層ダミーが正で統計的に有意となっており，若い年齢階層の女子ほど大学進学の確率が上昇していることが確認される．きょうだい数のダミーについては，きょうだい数が3人の場合に一人っ子に比べて大学進学確率が有意に低下するという結果となっているが，その他のダミー変数（きょうだい2人と4人）の推定値は負であるものの有意ではない．出生順序については，2番目である場合に第1子と比べて有意に大学進学および短大・高専進学確率が低下している．女子に限定した場合のきょうだい数や出生順序の影響は解釈が難しいものとなっているが，興味深いのは男兄弟に関する変数の効果である．男兄弟がいる場合，親の教育投資が男子に偏って女子が不利を受ける可能性が考えられる．推定結果によれば，男兄弟の有無や兄の有無は女子の大学進学確率には有意な影響を及ぼさないが，短大・高専以上への進学確率は兄の存在によって有意に低下していることが明らかとなった．第2列の結果とあわせて考えると，兄がいることによって男子は大学進学に不利を受け，女子は短大・高専以上への進学に不利を受けていると言えよう．女子に関する上記の結果は，男兄弟の有無が女性の大学進学に有意な影響を及ぼさないことを発見した Edwards and Pasquale［2003］の結果と整合的であるが，特に兄の存在の重要性を示唆する本章の結果は新たな発見であると言える．

5.2 私立学校に進学することは大学進学確率を上昇させるか

　図表4-14は，私立学校に通っていたことが大学進学確率に及ぼす影響を推定した結果をまとめたものである[9]．ここでは，図表4-6および図表4-7で確認した，通ってきた学校の設置者別経路に関するダミー変数を作成し，その効果を考察している．具体的には，小学校から高校までの期間について，①すべて私立学校（私→私→私），②中学・高校が私立学校（公→私→私），③高校のみ私立学校（公→公→私）の3つのケースに対応する学校経路ダミー変数を作成し，その効果を検証した[10]．なお，私立学校進学の効果が都市部とそれ以外の地域で異なる可能性を分析するために，学校経路ダミー変数と政令指定都市居住ダミー変数の交差項を説明変数として追加している．また，私立学校には男子校や女子校のように児童・生徒の性別を限定した学校も存在するため，男子と女子で私立学校の効果が異なる可能性がある．そのため，男子サンプルと女子サンプルに分けた推定もおこなっている．

　第1列は全サンプルの推定結果である．学校経路に関するダミー変数の中で，②「公→私→私」のケース，すなわち中学・高校と私立学校に通った場合を示すダミー変数が統計的に有意な正の推定値となっており，中学・高校と私立学校に通い続けることによって大学進学確率が有意に上昇すると解釈できる．その他の学校経路ダミー変数および都市部居住との交差項に有意なものは確認されない．

　同様の推定を男女別におこなった結果が第2列と第3列に報告されている．男女を比較すると，中学・高校と私立学校に通うことによる大学進学確率上昇の効果は女子に限定されることが明らかとなっている．また，女子サンプルの推定結果では，③「公→公→私」のケースのように高校のみ私立学校に通った場合には大学進学確率が低下していることが確認される．第4列は，女子のサンプルに関して，被説明変数を短大・高専以上に進学していれば1をとるダミー変数に変更した場合の推定結果である．ここでも第3列と同様，中学・高校

---

[9] 私立学校に関するダミー変数を説明変数として加えることでサンプル数が減少している．これは，子どもが通っていた学校の設置者種別を問う設問を無回答としている回答者がいるためである．

[10] その他の学校経路については，該当するサンプル数が小さいため考慮していない．したがって，これらのダミー変数の比較対象は，「すべて公立」「中学校のみ公立」「高校のみ公立」「小学校のみ私立」「中学校のみ私立」のケースとなる．

図表 4-14 推定結果：私立学校進学の効果

	全サンプル	男子サンプル	女子サンプル	
	大学進学	大学進学	大学進学	短大進学以上
学校経路ダミー① 私→私→私	−0.0967	−0.1397	−0.0703	0.1065
	(0.0932)	(0.1675)	(0.0900)	(0.1361)
学校経路ダミー①×都市部ダミー	0.1348	0.1931	0.1218	−0.1919
	(0.1494)	(0.2260)	(0.2028)	(0.2758)
学校経路ダミー② 公→私→私	0.1785*	0.1193	0.2059*	0.2096**
	(0.0923)	(0.1390)	(0.1227)	(0.0975)
学校経路ダミー②×都市部ダミー	−0.0503	−0.0340	−0.1015	−0.2215
	(0.1287)	(0.2017)	(0.1504)	(0.1977)
学校経路ダミー③ 公→公→私	−0.0245	0.0422	−0.0791*	−0.0321
	(0.0374)	(0.0536)	(0.0468)	(0.0506)
学校経路ダミー③×都市部ダミー	−0.0576	−0.1046	0.0092	0.1194
	(0.0728)	(0.0946)	(0.1122)	(0.0975)
サンプル数	1,632	826	806	806

(注) 1. 報告されている値は限界効果である．カッコ内の標準誤差は，同一家計内における誤差項の相関を考慮している．
2. きょうだい数，出生順，上に男兄弟，年齢階層，母親大卒，父親大卒，政令指定都市居住の各ダミー変数，母親年齢，父親所得，定数項は推定式に含まれているが報告していない．
3. *は統計的有意性を示している．*有意水準10%；**有意水準5%；***有意水準1%

と私立学校に通ったことを示す②の学校経路ダミーが正で統計的に有意な推定値となっているが，③の高校のみ私立学校を示すダミー変数の有意性は失われている．

　学校経路に関する上記の結果は，非常に興味深いものである．まず，男子については私立学校に通うことが大学進学に有意な影響を及ぼさないことが確認された．上述のように，子どもを私立学校に通わせる際の親の学習費負担は決して小さいものではないが，仮に息子を私立学校に通わせたとしても大学進学確率の上昇は期待されないことを示唆している．次に，女子の結果について先行研究と比較する．日本のデータ (JPSC) を用いて女性の大学進学について分析した Edwards and Pasquale［2003］は，私立高校に通学していたことが大学進学確率の上昇をもたらすことを報告しているが，これは本節の結果と必ずしも整合的ではない．学校経路を分類した本節の推定結果は，高校のみ私立学校に通うのではなく，中学から継続して私立学校に通い続けることが大学進学確率の上昇をもたらすことを示唆しており，新たな発見と言える．

なお，高校のみ私立学校に通うことが大学進学確率の上昇をもたらさない要因として考えられるのは，私立高校にはいくつかの種類があるという点である．私立高校の中には，難易度や知名度の高い大学への進学を目指す生徒が集まるいわゆる進学校と呼ばれるものもあれば，スポーツや文化活動に重点を置いた学校もある．後者のような私立学校に通ったとしても大学進学の確率が上昇するとは考えにくく，推定結果はこうした点を反映している可能性がある．

6. おわりに──分析結果の要約と政策的含意

　本章では，教育を通じた親から子どもへの所得移転について，子どもの教育水準に影響を及ぼす要因に注目して実証分析を行った．財団法人家計経済研究所が実施した『世帯内・世代間調査』のデータを用いた実証分析の結果明らかになったことは以下の3点であるが，それらの結果から考えられる政策的なインプリケーションについてもまとめてみたい．

　1点目は，きょうだい数が及ぼす影響である．一人っ子の子どもはきょうだいがいる子どもに比べて大学進学の確率が上昇するが，きょうだいが2人以上いる場合はきょうだいの数が増えても大学進学確率は低下しないことが明らかとなった．一人っ子が大学進学に際して有利になっている，あるいは一人っ子は教育を通じた世代間の所得移転の恩恵をより強く受けている，と言い換えることができよう．この結果は，少子化が進行する昨今の日本においては重要なインプリケーションをもつ．少子化の進行は一人っ子の比率を高めると考えられるが，一人っ子であることが大学進学に有利に働くことを知った親は，第2子以降を生み育てることを躊躇するかもしれない．そのような親の行動は更なる少子化を助長する可能性がある．こうした事態に対応するためには，例えば第2子以降の子どもに対する奨学金の支給条件の緩和や支給額の充実といった方策が考えられる．

　2点目は，きょうだいの男女構成の影響である．実証分析の結果，自分より出生順序の早い男兄弟がいることによって，男子は大学進学確率が低下し，女子は短大・高専以上に進学する確率が低下することが明らかとなった．一方で，男兄弟の存在それ自体は大学進学に影響を及ぼさないことも確認された．子ど

もの学歴達成に際して，兄の存在が重要な影響をもたらすことが明らかになったと言えよう．日本の世帯においては，親は娘より息子の教育を重視しているとの認識が一般的であり，本章の分析でも男子は女子に比べて大学進学の確率が高くなっていることが確認された．この点に加え，本章の分析結果は親が息子の中でも出生順序の早い子どもに対してより重点的に教育投資を行っていることを示唆しており興味深い．

　3点目は，私立学校に通うことの効果である．私立学校に通うことによる大学進学確率上昇の効果は限定的であることが確認された．私立学校において提供される教育の質が国公立学校より高い場合，私立学校に通うことによって大学進学確率が上昇することが期待されるが，分析結果はそのような仮説を概ね支持していない．大学進学確率が上昇しているのは，中学・高校と私立学校に通った女子のみであり，男子の場合や，女子でもその他の学校経路の場合は，私立学校に通ったことが大学進学確率を上昇させる効果はないことが明らかとなった．子どもを私立学校に通わせる親は，そうでない親に比べて多くの学習費を負担することになるが，そうした子どもの人的資本への投資が大学進学確率の上昇をもたらす効果は限定的である．すなわち，子どもを私立学校に通わせることを通じた世代間の所得移転は，大学進学という観点に限ればあまり期待されないということになる．

　最後に，今後の課題について述べておきたい．本章の分析は大学進学確率に与える影響に限定されており，進学した大学の特徴については考慮していない．進学先大学の難易度や知名度，威信を含めた分析は実施が困難であると予想されるが，今後の課題の1つとしたい．また，親から子どもへの世代間の所得移転という観点から言えば，子どもが就学期間を終えて学校を卒業した後にどの程度の所得を稼得したかという点についても分析が必要であろう．この点についても今後の課題としたい．

参考文献

Becker, Gary S., and H. Gregg Lewis [1973] "On the Interaction between the Quantity and Quality of Children," Journal of Political Economy, 81(2), 279-288.

Black, Sandra E., Paul J. Devereux, and Kjell G. Salvanes [2005] "The More the Merrier ? The Effect of Family Size and Birth Order on Children's Education," Quarterly Journal of Economics, 120(2), 669-700.

Butcher, Kristin F., and Anne Case [1994] "The Effect of Sibling Sex Composition on Women's Education and Earnings," Quarterly Journal of Economics, 109(3), 531-563.

Edwards, Linda N., and Margaret K. Pasquale [2003] "Women's higher education in Japan : Family background, economic factors, and the Equal Employment Opportunity Law," Journal of the Japanese and International Economies, 17(1), 1-32.

Kaestner, Robert [1997] "Are Brothers Really Better ? Sibling Sex Composition and Educational Attainment Revisited," Journal of Human Resources, 32(2), 250-284.

Ono, Hisashi [2004] "Are sons and daughters substitutable ? Allocation of family resources in contemporary Japan," Journal of the Japanese and International Economies, 18(2), 143-160.

Parish, William L., and Robert J. Willis [1993] "Daughters, Education, and Family Budgets Taiwan Experiences," Journal of Human Resources, 28(4), 863-898.

Rosenzweig, Mark R., and Kenneth I. Wolpin [1980] "Testing the Quantity-Quality Fertility Model : The Use of Twins as a Natural Experiment," Econometrica, 48(1), 227-240.

経済企画庁 [1998]『国民生活選好度調査（平成9年度）』大蔵省印刷局．

田中隆一 [2006]「親の教育戦略における性別，出生順序および期待の役割について」日本経済学会2006年度秋季大会報告論文．

玉田桂子 [2006]「兄弟姉妹構成と教育の実証分析」日本経済学会2006年度秋季大会報告論文．

中村二朗 [1993]「家計属性と進学行動に関する実証分析」『経済研究』44(3), 212-220.

西丸良一（2008）「大学進学に及ぼす国・私立中学校進学の影響」『教育学研究』75(1), 24-33.

樋口美雄 [1992]「教育を通じた世代間所得移転」『日本経済研究』22, 137-165.

松浦克己・滋野由紀子（1996）「公立校と私立高の選択　塾との関係を考慮した小中学校段階での学校選択」『女性の就業と富の分配：家計の経済学』（郵政研究所研究叢書）日本評論社，61-85.
文部科学省［2005］『子どもの学習費調査（平成 16 年度）』．
文部科学省『学校基本調査』各年度版．

第5章　日本における遺産動機と親子関係
―― 日本人は利己的か，利他的か，王朝的か？[*]

チャールズ・ユウジ・ホリオカ

1. はじめに

　日本人は利己的か，利他的か，それとも王朝的か．本章の目的は，財団法人家計経済研究所の委託を受け，社団法人輿論科学協会が2006年10～11月に実施した『世帯内分配・世代間移転に関する研究』調査（以下『世帯内・世代間調査』）からの個票データを用いて，日本における遺産動機・遺産の分配方法と子の援助行動の現状について吟味し，そうすることによって，日本において利己主義を前提としたライフ・サイクル・モデル，利他主義モデルおよび王朝モデルがどの程度成り立っているのかを明らかにすることである．（ここで用いた調査の詳細については，序章参照．）

　類似した分析としては，ホリオカ他 [1998]，Horioka et al. [2000]，Horioka [2002]，ホリオカ [2002]，ホリオカ他 [2002] などがあるが，本章は以下の点で先行研究よりも優れている．第一に，本章で用いた調査では，遺産動機・遺産の分配方法に関するより詳細な情報を収集している．第二に，本章で用いた調査では，親の遺産動機・遺産の分配方法の他，子の遺産動機・遺産の分配方法についても調査しているため，両者の間の相関を計算することができる．

　主な結果を要約すると，日本人の遺産動機・遺産の分配方法，子の援助行動

---

[*]　『世帯内分配・世代間移転に関する研究』プロジェクトの委員，特に坂本和靖氏と村田啓子氏および暮石渉氏，島田佳代子氏，若林緑氏から有益なコメントをいただき，岡田多恵氏には研究の補助をしていただいた．また，本研究は，文部科学省の科学研究費補助金（基盤（B），課題番号18330068）による研究成果の一部である．これらの機関・個人に対し，ここで記して感謝の意を表したい．

から判断する限り，日本では，利己的な人，利他的な人，王朝的な人が混在している．王朝的な人は非常に少なく，ほとんどの人は利己的または利他的であるが，利己的な人のほうが多いのか，利他的な人のほうが多いのかは一概に言えない．子の援助行動に関する結果をより詳しく紹介すると，子の援助行動は親の遺産行動によって有意に異なり，この結果は，子が利己的であり，親からの遺産を目当てに親の援助・世話をしたり，親と同居しているということを示唆する．しかし，遺産を貰えないと思っている回答者の場合も，かなりの割合が現在，妻・夫の親に援助・世話をしたり，妻・夫の親と同居したりしているか，または将来そうする予定であり，利他的な子もかなりいるようである．また，遺産動機・遺産の分配方法の親子間の相関はそれほど高くはなく，子は親の影響をそれほど受けないようである．

本章の構成は以下の通りである．第2節では，3つの家計行動に関する理論モデルの概要を説明し，それぞれのモデルの遺産動機・遺産の分配方法，子の援助行動に対する含蓄を述べる．第3節では，遺産動機・遺産の分配方法に関する結果を示し，第4節では，遺産動機・遺産の分配方法の親子間の相関について検証し，第5節では，子の援助行動に関する結果を示し，第6節では，結論を述べる．

2. 各理論モデルの遺産動機・遺産の分配方法，子の援助行動に対する含蓄

本節では，家計行動に関する3つの理論モデルの概要を説明し，それぞれのモデルの遺産動機・遺産の分配方法，子の援助行動に対する含蓄について述べる．

(1)利己主義を前提としたライフ・サイクル・モデル．このモデルは，親は利己的であり，子に対して利他主義（愛情）を抱いていないと仮定している．したがって，このモデルが成り立っていれば，親は遺産を全く残さないか，余った場合にのみ残すか，何らかの見返り（例えば，老後における世話，介護，経済的援助など）があった場合にのみ残すはずであり，何らかの見返りを提供してくれた子にはより多く，または全部遺産を配分するはずである．同様に，このモデルは，子が親に対しても利他主義（愛情）を抱いていないと仮定している．

したがって，このモデルが成り立っていれば，子は親から何らかの見返り（例えば，遺産）があった場合にのみ親の老後における世話，介護，経済的援助などをするはずである．

(2)利他主義モデル．このモデルは，親は子に対して世代間の利他主義（愛情）を抱いていると仮定している．したがって，このモデルが成り立っていれば，親は何の見返りがなくても子に遺産を残すはずであり，遺産を均等に配分するか，ニーズのより多い子，あるいは所得・財産がより少ない子に多く，または全部配分するはずである．同様に，子が親に対して世代間の利他主義を抱いていれば，子も何の見返りがなくても親の老後における世話，介護，経済的援助などをするはずである．

(3)王朝モデル．このモデルは，親は家または家業の存続を望んでいると仮定している．したがって，このモデルが成り立っていれば，子が家または家業を継いでくれた場合にのみ親は子に遺産を残すはずであり，家または家業を継いでくれた子により多く，または全部配分するはずである．なお，このモデルは子の援助行動を説明することができない．

よって，それぞれの理論モデルは遺産動機・遺産の分配方法，子の援助行動に対して異なった含蓄をもっており，実際の遺産動機，遺産の分配方法，子の援助行動について見ることによってそれぞれの理論モデルがどの程度成り立っているかが分かる．

3. 遺産動機・遺産の分配方法に関する結果

本節では，遺産動機・遺産の分配方法に関する結果を紹介する．

本章で用いた『世帯内・世代間調査』では，回答者の親の遺産動機・分配方法と回答者本人の遺産動機・遺産の分配方法について調査しており，それぞれの結果を順を追って紹介する．

3.1 回答者の親の遺産動機・遺産の分配方法に関する結果

アンケート調査の問 50 で回答者の親の遺産動機・遺産の分配方法について調査している．

問 50 では，まず「あなた方ご夫婦は，あなた方の親から遺産をもらったことがありますか．また，今後もらうことを予想していますか．」と尋ね，遺産をもらった，またはもらう予定の回答者に対し，問 50 付問 3 として「遺産をもらうことの条件」について尋ねている．

「遺産をもらう条件」に関する選択肢を理論モデル別に分類すると以下の通りとなる．

＜利己主義を前提としたライフ・サイクル・モデルと整合的な選択肢＞
    1　同居すること
    2　近くに住むこと
    3　家事の手伝い
    4　介護
    5　経済的援助

＜利他主義モデルと整合的な選択肢＞
    該当条件なし　条件なしで貰った，または貰う予定である

＜王朝モデルと整合的な選択肢＞
    6　家業を継ぐこと

なお，「親から遺産を貰わなかった，しかも貰う予定もない」という選択肢は，ライフ・サイクル・モデルと整合的であると解釈できる．

また，遺産を貰った，または貰う予定の回答者にさらに，問 50 付問 4 において「親は遺産をどのように配分しましたか．」と尋ねている．

遺産の分配方法に関する選択肢を理論モデル別に分類すると以下の通りとなる．

＜利己主義を前提としたライフ・サイクル・モデルと整合的な選択肢＞
    該当条件なし　遺産を貰わなかった，遺産を貰う予定もない（問 50）
    2　同居した子に多く，または全部配分した（する予定である）

3　近くに住んでいた子に多く，または全部配分した（する予定である）
4　家事の手伝いをした子に多く，または全部配分した
　（する予定である）
5　介護をした子に多く，または全部配分した（する予定である）
6　経済的援助をした子に多く，または全部配分した（する予定である）

＜利他主義モデルと整合的な選択肢＞
1　均等に配分した（する予定である）
9　所得獲得能力の少ない子に多く，または全部配分した
　（する予定である）
10　ニーズの多い子に多く，または全部配分した（する予定である）

＜王朝モデルと整合的な選択肢＞
7　家業を継いだ子に多く，または全部配分した（する予定である）
8　長男・長女が同居したり，近くに住んだり，家事の手伝いをしたり，介護をしたり，経済的援助をしたり，家業を継いだりしなかったのにもかかわらず，長男・長女に多く，または全部配分した（する予定である）

　なお，「兄弟姉妹がいないため，全部もらった（もらう予定である）」はどのモデルと整合的であるかは識別できない．
　結果は図表5-1，図表5-2に示されている．まず，図表5-1に示されている遺産動機に関する結果を見てみると，利己的な遺産動機をもっている妻の親と夫の親はそれぞれ全体の71.60％および69.55％を占め，いずれも3分の2を超え，圧倒的に多い．2位は利他的な遺産動機であり，このような遺産動機をもっている妻の親と夫の親はそれぞれ全体の29.32％および28.37％を占める．また，3位は王朝的な遺産動機であり，このような遺産動機をもっている妻の親と夫の親はそれぞれ全体のわずか0.63％および2.75％にすぎない．
　個別の選択肢について見てみると，最も多かったのは，「遺産を貰わなかった，しかも貰う予定もない」（利己的）（妻の親と夫の親の場合はそれぞれ全体の

図表5-1　回答者の親の遺産動機

理論モデル	遺産動機	妻		夫	
		回答者数	回答者の割合	回答者数	回答者の割合
利他主義モデル	条件なし	794	29.32	775	28.37
	小計	794	29.32	775	28.37
利己主義モデル	同居すること	78	2.88	195	7.14
	近くに住むこと	60	2.22	51	1.87
	家事の手伝いをすること	60	2.22	42	1.54
	介護をすること	144	5.32	157	5.75
	経済的援助をすること	22	0.81	36	1.32
	遺産なし	1,646	60.78	1,532	56.08
	小計	1,939	71.60	1,900	69.55
王朝モデル	家業を継ぐこと	17	0.63	75	2.75
	小計	17	0.63	75	2.75
	小計	2,708	100.00	2,732	100.00
	延べ回答数	2,750	101.55	2,750	100.66
	遺産実績・予定無回答	106		82	
	合計	2,814		2,814	

60.78％および56.08％を占める）と「条件なしで貰った，または貰う予定である」（利他的）（妻の親と夫の親の場合はそれぞれ全体の29.32％および28.37％を占める）だった．条件を付けて遺産を残した親は比較的少なく，敢えて言えば，最も多かったのは，「同居すること」（妻の親の場合と夫の親の場合はそれぞれ全体の2.88％および7.14％を占める）と「介護をすること」（妻の親の場合と夫の親の場合はそれぞれ全体の5.32％および5.75％を占める）であり，日本の社会的規範を反映し，妻の親の場合よりも夫の親の場合のほうが同居することを条件にすることがはるかに多いようである．

　次に，図表5-2に示されている遺産の分配方法に関する結果を見てみると，これらの結果は遺産動機に関する結果とほぼ整合的である．遺産の分配方法が利己的だった妻の親と夫の親はそれぞれ全体の79.24％および76.76％を占め，いずれも8割近くであり，圧倒的に多い．2位は遺産の分配方法が利他的だっ

図表5-2 回答者の親の遺産の分配方法

理論モデル	遺産動機	妻 回答者数	妻 回答者の割合	夫 回答者数	夫 回答者の割合
利他主義モデル	均等に配分した	393	16.82	369	16.12
	所得獲得能力の多い子に多く，または全部	10	0.43	12	0.52
	ニーズの多い子に多く，または全部	8	0.34	9	0.39
	小計	411	17.59	385	16.82
利己主義モデル	同居した子に多く，または全部	144	6.16	170	7.43
	近くに住んでいた子に多く，または全部	17	0.73	23	1.00
	家事の手伝いをした子に多く，または全部	17	0.73	9	0.39
	介護をした子に多く，または全部	37	1.58	36	1.57
	経済的援助をした子に多く，または全部	4	0.17	8	0.35
	遺産なし	1,652	70.72	1,702	74.36
	小計	1,851	79.24	1,757	76.76
王朝モデル	家業を継いだ子に多く，または全部	27	1.16	66	2.88
	長男・長女に多く，または全部	23	0.98	37	1.62
	小計	49	2.10	102	4.46
	延べ回答数	2,311	98.93	2,244	98.03
	小計	2,336	100.00	2,289	100.00
	無回答	372		443	
	小計	2,708		2,732	
	遺産実績・予定無回答	106		82	
	合計	2,814		2,814	

た親であり，そのような妻の親と夫の親はそれぞれ全体の17.59％および16.82％を占める。3位は遺産の分配方法が王朝的だった親であり，そのような妻の親と夫の親はそれぞれ全体のわずか2.10％および4.46％を占めるにす

ぎない.

　個別の選択肢について見てみると，最も多かったのは，「遺産を貰わなかった，しかも貰う予定もない」（利己的）（妻の親と夫の親の場合はそれぞれ全体の70.72％および74.36％を占める），「均等に配分する」（利他的）（妻の親と夫の親の場合はそれぞれ全体の16.82％および16.12％を占める）だった．子の行動によって差を付ける（利己的な）親は，比較的少なく，敢えて言えば，最も多かったのは，「同居してくれた子に多く，または全部配分した（する予定である）」（妻の親の場合と夫の親の場合はそれぞれ全体の6.16％および7.43％）と「家業を継いだ子に多く，または全部配分した（する予定である）」（妻の親の場合と夫の親の場合はそれぞれ全体の1.16％および2.88％）だった．日本の社会的規範を反映し，妻の親の場合よりも夫の親の場合のほうが，同居した子，家業を継いだ子に多く，または全部配分した（する予定である）ことが多い．

　要約すると，回答者の親は圧倒的に利己的であり，それに次いで利他的な親もかなりおり，王朝的な親はほとんどいないようである．これらの結果はホリオカ他 [1998]，Horioka et al. [2000]，Horioka [2002]，ホリオカ [2002]，ホリオカ他 [2002] などのような先行研究とおおむね整合的である．また，利己的な親のほとんどは遺産を残さなかった，または残す予定はなく，交換条件を課したり，子の行動によって差を付ける親はほとんどいないが，敢えて言えば，同居することが，交換条件としても子の間で差を付ける要因としても最も重要である．

3.2　回答者本人の遺産動機・遺産の分配方法に関する結果

　次に，アンケート調査の問68では，回答者本人の遺産動機について，「あなた方ご夫婦はお子さんに残す遺産についてどのようにお考えですか.」と尋ねている．

　遺産動機に関する選択肢を理論モデル別に分類すると以下の通りとなる．

＜利己主義を前提としたライフ・サイクル・モデルと整合的な選択肢＞
　　2　子が老後の世話・介護をしてくれた場合にのみ遺産を残すつもりであ

3　子が老後において経済的援助をしてくれた場合にのみ遺産を残すつもりである
　　　6　自分の財産は自分で使いたいから，いかなる場合でも遺産を残すつもりはない

＜利他主義モデルと整合的な選択肢＞
　　　1　いかなる場合でも遺産を残すつもりである
　　　5　遺産を残したら，子の働く意欲を弱めるから，いかなる場合でも遺産を残すつもりはない

＜王朝モデルと整合的な選択肢＞
　　　4　子が家業を継いでくれた場合にのみ遺産を残すつもりである

　また，遺産を残す予定の回答者にさらに，問68付問2「遺産の配分方法をお知らせください．」と尋ねている．
　先の問68の回答結果と合わせ，遺産の分配方法に関する選択肢を理論モデル別に分類すると以下の通りとなる．

＜利己主義を前提としたライフ・サイクル・モデルと整合的な選択肢＞
　　非該当　自分の財産は自分で使いたいから，いかなる場合でも遺産を残すつもりはない（問68）
　　　2　同居してくれた子に多く，または全部配分するつもりである
　　　3　近くに住んでくれた子に多く，または全部配分するつもりである
　　　4　家事の手伝いをしてくれた子に多く，または全部配分するつもりである
　　　5　介護をしてくれた子に多く，または全部配分するつもりである
　　　6　経済的援助をしてくれた子に多く，または全部配分するつもりである

図表5-3　回答者本人の遺産動機

理論モデル	遺産動機	回答者数	回答者の割合
利他主義モデル	いかなる場合でも残す	1,507	60.64
	子の働く意欲を弱めたくないから残さない	268	10.78
	小計	1,775	71.43
利己主義モデル	子が老後の世話・介護をしてくれた場合にのみ残す	218	8.77
	子が経済的援助をしてくれた場合にのみ残す	37	1.49
	自分で使いたいから残さない	407	16.38
	小計	662	26.64
王朝モデル	家業を継いでくれた場合にのみ残す	48	1.93
	小計	48	1.93
	小計	2,485	100.00
	無回答	81	
	付問回答あり	51	
	非該当(子なし)	197	
	合計	2,814	

＜利他主義モデルと整合的な選択肢＞
　　非該当　遺産を残したら，子の働く意欲を弱めるから，いかなる場合でも遺産を残すつもりはない（問68）
　1　均等に配分するつもりである
　9　所得獲得能力の少ない子に多く，または全部配分するつもりである
　10　ニーズの多い子に多く，または全部配分するつもりである

＜王朝モデルと整合的な選択肢＞
　7　家業を継いでくれた子に多く，または全部配分するつもりである
　8　長男・長女が同居したり，近くに住んだり，家事の手伝いをしたり，介護をしたり，経済的援助をしたり，家業を継いだりしてくれなかったとしても，長男・長女に多く，または全部配分するつもりである

なお,「子は一人しかいないので配分の問題は生じない」という選択肢がどのモデルと整合的かは識別できない.

結果は図表5-3, 図表5-4に示されている. まず, 図表5-3に示されている遺産動機に関する結果を見てみると, 利他的な遺産動機をもっている回答者は全回答者の71.43%を占め, 圧倒的に多い. 2位は利己的な遺産動機であり, このような遺産動機をもっている回答者は全回答者の26.64%を占め, 3位は王朝的な遺産動機であり, このような遺産動機をもっている回答者の割合は全回答者のわずか1.93%にすぎない.

個別の選択肢について見てみると,「いかなる場合でも遺産を残すつもりである」といった利他的な遺産動機が最も多く, この遺産動機をもっている回答者の割合は60.64%にも及ぶ. 3位の「遺産を残したら, 子の働く意欲を弱めるから, いかなる場合でも遺産を残すつもりはない」(全回答者の10.78%) も利他的な遺産動機であるが, それに対し, 2位の「自分の財産は自分で使いたいから, いかなる場合でも遺産を残すつもりはない」(全回答者の16.38%) も, 4位の「子が老後の世話・介護をしてくれた場合にのみ遺産を残すつもりである」(全回答者の8.77%) も, 利己的な遺産動機である.

次に, 図表5-4に示されている遺産の分配方法に関する結果を見てみると, 遺産の分配方法が利他的だった回答者は全回答者の51.22%を占め, 最も多い. 2位は遺産の分配方法が利己的だった回答者であり, そのような回答者は全回答者の49.89%を占め, 3位は遺産の分配方法が王朝的だった回答者であり, そのような回答者は全回答者のわずか5.45%にすぎない.

個別の選択肢について見てみると, 最も多かったのは,「均等に配分するつもりである」といった利他的な遺産の分配方法であり, この分配方法をもっている回答者は全回答者の48.16%にも及ぶ. 4位の「遺産を残したら, 子の働く意欲を弱めるから, いかなる場合でも遺産を残すつもりはない」(全回答者の11.87%) も利他的な遺産動機であるが, それに対し, 2位の「自分の財産は自分で使いたいから, いかなる場合でも遺産を残すつもりはない」(全回答者の18.03%), 3位の「同居してくれた子に多く, または全部配分するつもりである」(全回答者の12.49%), 5位の「介護をしてくれた子に多く, または全部配分するつもりである」(全回答者の10.77%) のいずれも, 利己的な遺産

図表5-4　回答者本人の遺産の分配方法

理論モデル	遺産動機	回答者数	回答者の割合
利他主義モデル	均等に配分する	1,087	48.16
	所得獲得能力の多い子に多く，または全部	52	2.30
	ニーズの多いことに多く，または全部	40	1.77
	子の働く意欲を弱めたくないから残さない	268	11.87
	小計	1,156	51.22
利己主義モデル	同居した子に多く，または全部	282	12.49
	近くに住んでくれた子に多く，または全部	60	2.66
	家事の手伝いをしてくれた子に多く，または全部	84	3.72
	介護をしてくれた子に多く，または全部	243	10.77
	経済的援助をしてくれた子に多く，または全部	96	4.25
	自分で使いたいから残さない	407	18.03
	小計	1,126	49.89
王朝モデル	家業を継いでくれた子に多く，または全部	67	2.97
	長男・長女に多く，または全部	58	2.57
	小計	123	5.45
	延べ回答数	2,405	106.56
	小計	2,257	100.00
	子が一人だけ	257	
	無回答	22	
	小計	2,536	
	遺産動機無回答	81	
	非該当（子なし）	197	
	合計	2,814	

の分配方法である．

　要約すると，利他的な遺産動機・遺産の分配方法をもっている回答者は最も多く，利己的な回答者もかなりおり，王朝的な回答者はほとんどいないようである．また，利他的な回答者のほとんどは遺産を均等に配分する予定であり，交換条件を課したり，子の行動によって差を付ける回答者はほとんどいないが，敢えて言えば，世話・介護することが交換条件として最も重要であり，同居すること，介護することが子の間で差を付ける要因としても最も重要である．

　遺産動機・遺産の分配方法から判断する限り，回答者本人は主に利他的であるといった結果は，ホリオカ他［1998］およびHorioka et al.［2000］の遺産の分配方法に関する結果とおおむね整合的であるが，それ以外の先行研究は回答者本人は主に利己的であるという結果を得ており，本章で得た結果とは対照的である．

　回答者の親に関する結果と，回答者本人に関する結果を比較してみると，回答者の親の遺産動機・遺産の分配方法は圧倒的に利己的であるのに対し，回答者本人の遺産動機・遺産の分配方法は主に利他的である（どちらの場合も王朝的な遺産動機・遺産の分配方法は全く重要ではない）．この違いの原因究明は今後の課題として残るが，少なくとも3つの可能性がある．(1)人々は他人よりも自分のほうが利他的であると思いたい．(2)人々の実際の行動よりも人々の意図のほうが利他的である．(3)コーホート効果があり，より早い時期に生まれた世代のほうが利己的である．

4. 遺産動機・遺産の分配方法の親子間の相関

　子が親の影響を受けるのであれば，遺産動機・遺産の分配方法の親子間の相関が高いはずであるが，本節では，遺産動機・遺産の分配方法の親子間の相関について吟味する．結果は図表5-5に示されているが，この表から分かるように，遺産動機・遺産の分配方法の親子間の相関は総じて低く（0.0510から0.1768），敢えて言えば，遺産動機の場合よりも遺産の分配方法の場合，夫の親の場合よりも妻の親の場合のほうが高い．また，遺産動機の場合も，遺産の分配方法の場合も，妻の親の場合も，夫の親の場合も，親の考え方が利己的で

図表5-5 遺産動機・遺産の分配方法の親子間の相関

妻の親の遺産動機

回答者の遺産動機	利他主義モデル	利己主義モデル	王朝モデル	合計
利他主義モデル	537	1,192	9	1,738
利己主義モデル	159	486	4	649
王朝モデル	9	35	2	46
合計	705	1,713	15	2,433

相関:0.0742

夫の親の遺産動機

	利他主義モデル	利己主義モデル	王朝モデル	合計
利他主義モデル	214	623	13	850
利己主義モデル	65	498	11	574
王朝モデル	7	62	10	79
合計	286	1,183	34	1,503

相関:0.0510

妻の親の遺産の分配方法

	利他主義モデル	利己主義モデル	王朝モデル	合計
利他主義モデル	529	1,146	53	1,728
利己主義モデル	160	479	8	647
王朝モデル	14	26	7	47
合計	703	1,651	68	2,422

相関:0.1768

夫の親の遺産の分配方法

	利他主義モデル	利己主義モデル	王朝モデル	合計
利他主義モデル	192	591	37	820
利己主義モデル	73	448	30	551
王朝モデル	9	58	10	77
合計	274	1,097	77	1,448

相関:0.1286

あり，子の考え方が利他的であるという組合せが最も頻繁に観察され，この結果は，親よりも子のほうが利他的であるといった上述の結果と整合的である．したがって，遺産動機・遺産の分配方法に限っていえば，子は親の影響をそれほど受けないようである．

5. 子の援助行動に関する結果

アンケート調査の問43では，回答者または回答者の配偶者が，親または配偶者の親に経済的援助，世話（家事，介護，訪問）を現在している，または将来する予定であるかについて尋ねており，問46では，回答者または回答者の配偶者が親または配偶者の親と現在同居している，または将来同居する予定であるかについて尋ねている．したがって，これらの質問項目から子の親に対する援助行動の実態が分かる．

結果は図表5-6の最後の列に示されているが，この列から分かるように，かなりの割合の回答者が親の世話・援助を現在しているか，または将来する予定である．例えば，回答者の83.33％（78.59％）は妻（夫）の親の世話を現在しているか，または将来する予定であり，回答者の51.15％（53.95％）が妻（夫）に（経済的）援助を現在しているか，または将来する予定である．さらに，回答者の13.11％（30.20％）は妻（夫）と現在同居しているか，または将来する予定である．（ここでも子は妻の親ではなく，夫の親と同居する社会的規範の影響が見られる．）つまり，回答者のかなりの割合が何らかのかたちで親の世話・援助を現在しているか，または将来する予定である．しかし，この結果からだけでは，子がどういった動機で親の世話・援助をしているのかがわからず，子が利己的なのか，利他的なのかは判断できない．

しかし，図表5-6の第1列，第2列には親の援助・世話を現在しているか，または将来する予定である回答者の割合が，遺産を貰えると思っている回答者についても，遺産を貰えないと思っている回答者についても，示されており，これらの値を比較すれば，遺産を貰えないと思っている回答者よりも，遺産を貰えると思っている回答者のほうが，妻・夫の親に（経済的）援助する確率，妻・夫の親の世話をする確率，妻・夫の親と同居する確率のいずれもがはるかに高いということがわかる．例えば，妻の親から遺産を貰えると思っている回答者の52.85％が妻の親に（経済的）援助をするのに対し，遺産を貰えないと思っている回答者の場合この割合は50.21％にすぎない．夫の親から遺産を貰えると思っている回答者の58.45％が夫の親に（経済的）援助をするのに対し，

図表 5-6　回答者の親の遺産動機と回答者の援助行動との間の関係

	遺産をもらえると思っている回答者	遺産をもらえないと思っている回答者	全回答者
妻の親に援助する回答者の割合	52.85 (789)	50.21 (1,434)	51.15 (2,223)
夫の親に援助する回答者の割合	58.45 (799)	50.99*** (1,214)	53.95 (2,013)
妻の親の世話をする回答者の割合	90.18 (794)	79.59*** (1,450)	83.33 (2,244)
夫の親の世話をする回答者の割合	90.76 (801)	70.64*** (1,226)	78.59 (2,027)
妻の親と同居する回答者の割合	22.48 (783)	8.03*** (1,444)	13.11 (2,227)
夫の親と同居する回答者の割合	46.17 (797)	19.79*** (1,223)	30.20 (2,020)

(注)　妻の親（夫の親）が少なくとも1人健在のサンプルを用いている．「援助する」，「世話をする」，「同居する」回答者には将来する予定の回答者も含まれている．*，**，***はそれぞれ両者の間の差が10％水準，5％水準，1％水準で有意であることを示す．カッコ内の値は標本数を示す．

遺産を貰えないと思っている回答者の場合この割合は50.99％にすぎない．妻の親から遺産を貰えると思っている回答者の90.18％が妻の親の世話をするのに対し，遺産を貰えないと思っている回答者の場合この割合は79.59％にすぎない．夫の親から遺産を貰えると思っている回答者の90.76％が夫の親の世話をするのに対し，遺産を貰えないと思っている回答者の場合この割合は70.64％にすぎない．妻の親から遺産を貰えると思っている回答者の22.48％が妻の親と現在同居しているか，将来同居する予定であるのに対し，遺産を貰えないと思っている回答者の場合この割合は8.03％にすぎない．夫の親から遺産を貰えると思っている回答者の46.17％が夫の親と現在同居しているか，将来同居する予定であるのに対し，遺産を貰えないと思っている回答者の場合はこの割合は19.79％にすぎない．つまり，多い時には，遺産を貰えると思っている回答者と遺産を貰えないと思っている回答者の間に20ポイント以上の差がある（夫の親の世話の場合と夫の親との同居の場合）．なお，図表5-6に差の検定の結果も示されているが，この表から分かるように，（妻の親への援助行動の場合を除けば，）子の援助行動は親の遺産行動によって有意に異なる．これらの結果はホリオカ他［1998］，Horioka, et al.［2000］，ホリオカ他［2002］などのよ

うな先行研究とおおむね整合的である.

これらの結果は, 子が利己的であり, 親からの遺産を目当てに親の援助・世話をしたり, 親と同居しているということを示唆する. しかし, 遺産を貰えないと思っている回答者の場合も, かなりの割合が現在, 妻・夫の親に援助・世話をしたり, 妻・夫の親と同居したりしているか, または将来そうする予定であり, 利他的な子もかなりいるようである. つまり, 親の場合も, 子の場合も, 利己的な人と利他的な人が混在しており, どちらのタイプも支配的ではないようである.

6. おわりに

本章の目的は, 財団法人家計経済研究所の委託を受け, 社団法人興論科学協会が2006年10～11月に実施した『世帯内分配・世代間移転に関する研究』調査からの個票データを用いて, 日本における遺産動機・遺産の分配方法と子の援助行動の現状について吟味し, そうすることによって, 日本において利己主義を前提としたライフ・サイクル・モデル, 利他主義モデルおよび王朝モデルがどの程度成り立っているのかを明らかにすることであった. 主な結果を要約すると, 日本人の遺産動機・遺産の分配方法, 子の援助行動から判断する限り, 日本では, 利己的な人, 利他的な人, 王朝的な人が混在している. 王朝的な人は非常に少なく, ほとんどの人は利己的または利他的であるが, 利己的な人のほうが多いのか, 利他的な人のほうが多いのかは一概に言えない. 子の援助行動に関する結果をより詳しく紹介すると, 子の援助行動は親の遺産行動によって有意に異なり, この結果は, 子が利己的であり, 親からの遺産を目当てに親の援助・世話をしたり, 親と同居しているということを示唆する. しかし, 遺産を貰えないと思っている回答者の場合も, かなりの割合が現在, 妻・夫の親に援助・世話をしたり, 妻・夫の親と同居したりしているか, または将来そうする予定であり, 利他的な子もかなりいるようである. また, 遺産動機・遺産の分配方法の親子間の相関はそれほど高くはなく, 子は親の影響をそれほど受けないようである.

最後に, 分析結果の政策的含蓄について考えたい. 利己的な人と利他的な人

が混在するということは，(1)中立命題が完全には成り立たず，減税は景気刺激策として多かれ少なかれ有効であるということ，(2)見返りのない遺産やそれ以外の世代間移転が多かれ少なかれあり，資産格差が代々引き継がれる恐れがあるということを意味する．また，後者の含蓄は，相続税などによって資産格差が代々引き継がれることを阻止する必要があるということを示唆する．

参考文献

Horioka, Charles Yuji [2002] "Are the Japanese Selfish, Altruistic, or Dynastic?," *Japanese Economic Review*, 53(1), 26-54.

Horioka, Charles Yuji, Hideki Fujisaki, Wako Watanabe and Takatsugu Kouno [2000] "Are Americans More Altruistic than the Japanese? A U.S.-Japan Comparison of Saving and Bequest Motives," *International Economic Journal*, 14(1), 1-31.

ホリオカ，チャールズ・ユウジ [2002]「日本人は利己的か，利他的か，王朝的か」（日本経済学会・中原賞講演），大塚啓二郎，中山幹夫，福田慎一，本多佑三編『現代経済学の潮流2002』東洋経済新報社，23-45．

ホリオカ，チャールズ・ユウジ，藤崎秀樹，渡部和孝，石橋尚平 [1998]「貯蓄動機・遺産動機の日米比較」，チャールズ・ユウジ・ホリオカ，浜田浩児編著『日米家計の貯蓄行動』日本評論社，71-111．

ホリオカ，チャールズ・ユウジ，山下耕治，西川雅史，岩本志保 [2002]「日本人の遺産動機の重要度・性質・影響について」『郵政研究所月報』，163，4-31．

参考資料　家庭生活に関するアンケート調査

家庭生活に関するアンケート調査

2006年10月

アンケートご協力のお願い

　私ども社団法人　輿論科学協会は，世論調査や市場調査などを専門とするわが国初の統計調査研究機関です。

　この度，当協会におきましては，財団法人家計経済研究所からの委託により，「家庭生活に関するアンケート調査」を実施しております。

　回答結果はすべて統計的に処理し，集計結果のみを使用致しますので，個人のお名前や回答内容が外部にもれるようなことは決してございませんし，この調査結果を本来の目的以外に利用することは一切ございません。

　お手数をおかけ致しますが，ご協力下さいますよう，よろしくお願い申し上げます。

◆ご記入にあたって◆
1. ご回答は，アンケートのご協力をお願いしたご本人様がお答え下さい。
2. 調査票へのご記入は，鉛筆または黒か青色のボールペンを使用してはっきりとご記入下さい。
3. ご回答は，ほとんどが，あてはまるものの番号に○をつけて頂く形式です。
　　質問の最後に（○は1つ）とあれば「1つだけ」，（○はいくつでも）とあれば「いくつでも」あてはまる番号に○をつけて下さい。
4. 「その他（　　）」に該当する場合は，その他の番号に○をつけて，（　　）内になるべく詳しくご記入下さい。
5. 数字をお答え頂く質問では，お分かりになる範囲で構いませんので，ご記入下さい。
6. 原則として，質問の番号順にお答え下さい。ただし，ご回答頂いた内容によっては，次に進む質問が違ってくる場合がありますので，その場合は（→矢印）の指示に従ってお進み下さい。
7. アンケートについてのお問い合わせがございましたら，下記宛てまでお願い致します。
8. ご協力頂いた方には，（2,000円分の図書カード）をお渡ししておりますので，調査票の回収の際，調査員よりお受け取り下さい。

（調査企画）財団法人　家計経済研究所
　　　　　　ホームページ　http://www.kakeiken.or.jp/
　　　　　　【世帯内分配・世代間移転プロジェクト委員】
　　　　　　　主査　大阪大学社会経済研究所教授　　　　　ホリオカ，チャールズ・ユウジ
　　　　　　　　　　大阪大学大学院国際公共政策研究科助教授　小原美紀
　　　　　　　　　　東京大学大学院経済学研究科助教授　　澤田康幸
　　　　　　　　　　新潟大学経済学部助教授　　　　　　　北條雅一
　　　　　　　　　　内閣府経済社会総合研究所特別研究員　村田啓子

（調査実施）お問い合わせ先
　　　　　　社団法人　輿論科学協会（よろんかがくきょうかい）
　　　　　　東京本部　　東京都渋谷区千駄ヶ谷4-8-6　シルバービル1F
　　　　　　　　　　　　担当：＊＊（＊＊）　電話：＊＊（＊＊）＊＊
　　　　　　ホームページ　http://www.yoron-kagaku.or.jp/

お忙しい中を，アンケートをお引き受け下さいまして，誠にありがとうございます。
　　　月　　日（　）　　時頃に，いま一度私　　　　　　　がおうかがいしますので，ご記入頂いたアンケートを，お渡し下さいますようお願い致します。

地点	個番

■あなたご自身とあなたの配偶者についておうかがいします■

問1 2006年10月現在，あなた方ご夫婦は結婚して何年になりますか．（数字でご記入下さい）

□年 □ヶ月

問2 ご家族（配偶者，お子さん，その配偶者，その子ども（孫），ご両親など）1人1人について，あなたとの続柄，性別，年齢，就学・就労状況，同居・別居の別，同居年数，配偶関係をお知らせ下さい．（単身赴任，留学，進学，就職，結婚や入院などで**別居している配偶者・お子さんも含めて**ご記入下さい）（直接ご記入頂くもの，数字をご記入頂くもの，選択肢番号に○をして頂くものがございます）

あなたとの続柄 (11以降は下のコード表を参照して番号をご記入下さい)	性別 (下記のコード表参照) (○をつけて下さい)	年齢	就学・就労状況（○は1つ）1 就労中 2 就労中（非常勤従業員）3 無職 4 その他（休職中など）5 就学中・未就学の子ども	最終学歴あるいは現在の就学状況*1（○は1つ）1 小学1～3年生 2 小学4～6年生 3 中学生 4 高校生 5 予備校生 6 専門学校生 7 短大・高等専門学校生 8 大学生・大学院生 9 未就学	同居*2 別居 1 同居している 2 別居している	現在までの同居年数 *同居している方のみ	配偶関係（○は1つ）1 結婚している 2 独身（離別・死別経験者）3 独身（未婚）
1 あなた本人	― 女	歳	1 2 3 4 5	1 2 3 4 5 6 7 8 9			
2 あなたの配偶者	男 ―	歳	1 2 3 4 5	1 2 3 4 5 6 7 8 9	1 2	年	
3 あなたの父	男 ―	歳	1 2 3 4 5	1 2 3 4 5 6 7 8 9	1 2	年	1 2 3
4 あなたの母	― 女	歳	1 2 3 4 5	1 2 3 4 5 6 7 8 9	1 2	年	1 2 3
5 あなたの義父	男 ―	歳	1 2 3 4 5	1 2 3 4 5 6 7 8 9	1 2	年	1 2 3
6 あなたの義母	― 女	歳	1 2 3 4 5	1 2 3 4 5 6 7 8 9	1 2	年	1 2 3
7 あなたの第1子	男 女	歳	1 2 3 4 5	1 2 3 4 5 6 7 8 9	1 2	年	1 2 3
8 あなたの第2子	男 女	歳	1 2 3 4 5	1 2 3 4 5 6 7 8 9	1 2	年	1 2 3
9 あなたの第3子	男 女	歳	1 2 3 4 5	1 2 3 4 5 6 7 8 9	1 2	年	1 2 3
10 あなたの＿＿＿	男 女	歳	1 2 3 4 5	1 2 3 4 5 6 7 8 9	1 2	年	1 2 3

参考資料　家庭生活に関するアンケート調査

あなたとの続柄	性別	年齢	就学・就労状況 (○は1つ)					最終学歴あるいは現在の就学状況＊1 (○は1つ)									同居＊2別居		現在までの同居年数	配偶関係 (○は1つ)		
(10以降は下のコード表を参照して番号をご記入下さい)	(下記のコード表参照)(○をつけて下さい)	(○をつけて下さい)	1 就労中	2 就労中(非常勤従業員)	3 無職	4 その他(休職中など)	5 就学中	1 就学中・未就学の子ども	2 未就学	3 小学1〜3年生	4 小学4〜6年生	5 中学生	6 高校生	7 予備校生	8 専門学校・高等専門学校生	9 大学生・大学院生短大・高等専門学校生	1 同居している	2 別居している	＊同居している方のみ	1 結婚している	2 独身(離別・死別経験者)	3 独身(未婚)
11 あなたの＿＿＿	男 女	歳	1	2	3	4	5	1	2	3	4	5	6	7	8	9	1	2	年	1	2	3
12 あなたの＿＿＿	男 女	歳	1	2	3	4	5	1	2	3	4	5	6	7	8	9	1	2	年	1	2	3
13 あなたの＿＿＿	男 女	歳	1	2	3	4	5	1	2	3	4	5	6	7	8	9	1	2	年	1	2	3

```
続柄コード表： 1  子ども(第4子以下)    2  本人の祖父母      3  配偶者の祖父母
              4  あなたの兄弟姉妹     5  配偶者の兄弟姉妹   6  子どもの配偶者
              7  孫                   8  その他の親族       9  その他
```

＊1　大学（大学院）卒業後に，各種専門学校を卒業された場合は，大学（大学院）を優先して下さい．また，中退は卒業に含めないで下さい．ご両親が旧制小学校・高等小学校卒業の場合は「中学卒業」に，旧制中学卒業の場合は「高校卒業」に，旧制高校卒業の場合は「短大・高専卒業」に置き換えて下さい．

＊2　同居＝同じ屋根の下，または同一敷地内にお住まいのご家族は「同居」者として下さい．

■あなたのご幼少時のこととごきょうだい（兄弟姉妹）についておうかがいします■

問3　あなたの幼少時（0〜6歳），主に面倒を見てくれた人はどなたですか．（○はいくつでも）

　　　1　あなたの父　　4　あなたの姉　　　　　　7　保育園(幼稚園)の先生
　　　2　あなたの母　　5　あなたの父方の祖父母　8　近所の人
　　　3　あなたの兄　　6　あなたの母方の祖父母　9　ベビーシッター，家政婦
　　　　　　　　　　　　　　　　　　　　　　　　10　その他（　　　　）

問4 あなたが6歳の頃と15歳の頃のお母さんのお仕事と，あなたが15歳の頃のお父さんのお仕事についておうかがいします．あてはまる選択肢の番号に○をつけて下さい．（○は1つ）
また複数のお仕事をされていた場合は，主たるお仕事について○をつけて下さい．

		あなたが6歳の頃のお母さんのお仕事	あなたが15歳の頃のお母さんのお仕事	あなたが15歳の頃のお父さんのお仕事
1	経営者・役員	1	1	1
2	常用雇用　役職なし	2	2	2
3	常用雇用　職長・班長・組長	3	3	3
4	常用雇用　係長，係長相当職	4	4	4
5	常用雇用　課長，課長相当職	5	5	5
6	常用雇用　部長，部長相当職	6	6	6
7	常用雇用　役職はわからない	7	7	7
8	臨時雇用・パート・アルバイト	8	8	8
9	自由業者＊	9	9	9
10	自営業・家族従業者（農林漁業）	10	10	10
11	自営業・家族従業者（農林漁業以外）	11	11	11
12	内職	12	12	12
13	働いていなかった	13	13	13
14	いなかった	14	14	14
15	わからない	15	15	15

注：＊自由業者＝開業医，弁護士，著述業，宗教家，茶華道・舞踊の先生など

問5 あなたとあなたの配偶者のごきょうだい（兄弟姉妹）の人数をご記入下さい．（現在ご存命の方のみについてお答え下さい．同居していない方も含めて下さい）

あなた	兄（　）人　姉（　）人　弟（　）人　妹（　）人	配偶者	兄（　）人　姉（　）人　弟（　）人　妹（　）人
	あなたを含め合計（　）人		配偶者を含め合計（　）人

参考資料　家庭生活に関するアンケート調査　　　143

■あなたとあなたの配偶者のお仕事についておうかがいします■

問6　あなたとあなたの配偶者の現在のご職業は何ですか．複数お仕事をお持ちの場合は，**主たる**お仕事の内容について，下記の□内にあてはまる**選択肢の番号を**ご記入下さい．
　　　また，お手数ですが，「○○を作っている」，「○○を売っている」，「スーパーのレジ係」，「トラック運転手」など職業の内容を具体的にお書き下さい．

あなた		具体的に
配偶者		具体的に

自営業　　　　　1　農林漁業（自営者・家族従業者）
家族従業者　　 2　小規模〔9人以下〕の商業・工業・サービス業（自営者・家族従業者）
自由業　　　　 3　自由業（開業医，弁護士，著述業，宗教家，茶華道・舞踊の教授など）

勤め
　　　4　管理職（会社・団体の部長以上，官公庁の課長以上，会社役員，
　　　　　社長など）
　　　5　専門職（病院勤務医師，研究員，大学助手以上，裁判官など）
　　　6　技術職（技術者，プログラマー，看護師，栄養士など）
　　　7　教員（小・中・高校，専修学校，各種学校，幼稚園，保育園など）
　　　8　事務職（一般事務，営業社員，銀行員など）
　　　9　技能・作業職（工具，警察官，電話交換手，データ入力作業者，
　　　　　運転士，配達員，職人など）
　　　10　販売サービス職（店員，保険外交員，理・美容師，調理人，
　　　　　ウエイトレス，ホームヘルパーなど）

　　　11　自宅で賃仕事（内職）
　　　12　働いてない

【問7～問14までは，問6で答えた主たる職業についておたずねします】

問7　あなたとあなたの配偶者のお勤め先の従業員は**会社全体**（あなたがお勤めの事業所全体）で何人くらいですか．あてはまる選択肢の番号をそれぞれの□内にご記入下さい．

(注：従業員数には臨時・アルバイトは含みません．**公務員の方は従業員数にかかわりなく「8　官公庁」**とご記入下さい．派遣の場合は，派遣先の会社でお答え下さい．)

1　1～4人	4　30～99人	7　1,000人以上
2　5～9人	5　100～499人	8　官公庁
3　10～29人	6　500～999人	9　勤めていない

あなた　□　　　配偶者　□

問8　あなたとあなたの配偶者の職務（雇用形態）は次のどれですか．あてはまる選択肢の番号をそれぞれの□内にご記入下さい．

1　常勤の職員・従業者	3　嘱託	5　自営業	7　その他
2　パート・アルバイト	4　派遣	6　家族従業者	8　働いていない

あなた　□　　　配偶者　□

問9　あなたとあなたの配偶者が先月，実際に勤務した出勤日数（先月1ヶ月間），また（1日のうちの）通常の労働時間（給料に換算される残業時間は含みますが，**サービス残業は含みません**）はどのくらいですか．それぞれ数字を□内にご記入下さい．

勤務していない場合は，「勤務していない」に○をつけて下さい．

(1) 1ヶ月の出勤日数

あなた　　□日　　　勤務していない
配偶者　　□日　　　勤務していない

(2) 1日の労働時間

あなた　　1日□時間□分　　　勤務していない

配偶者　　　　1日 □ 時間 □ 分　　　　勤務していない

問10　あなたとあなたの配偶者が，この1年間（平成17年10月～平成18年9月）で実際に勤務したのは何日間ですか．あてはまる選択肢の番号をそれぞれの□内にご記入下さい．

　　1　50日未満　　　4　150～174日　　7　225～249日　　10　300日以上
　　2　50～99日　　　5　175～199日　　8　250～274日　　11　働いていない
　　3　100～149日　　6　200～224日　　9　275～299日

　　あなた □　　　配偶者 □

問11　あなたの給与（**残業手当を含み，税引き後の収入**）は，平成18年10月1日現在どのように決められていますか．あてはまる選択肢の番号に○をつけ，金額を記入して下さい．給与形態が複数ある場合は，**最も受取金額の多い給与形態**についてお答え下さい．なお，**働いていない場合は，「6　働いていない」**に○をつけて下さい．

　　1　時間給　　　　　⟶　1時間あたり □ 円
　　2　日給　　　　　　⟶　1日あたり □ 円
　　3　月給　　　　　　⟶　1ヶ月あたり □ 円
　　4　歩合給・その他　⟶　1ヶ月平均 □ 円
　　5　決め方はわからない ⟶　1ヶ月平均 □ 円
　　6　働いていない

問12　あなたの**配偶者の給与**（**残業手当を含み，税引き後の収入**）は，平成18年10月1日現在どのように決められていますか．あてはまる選択肢の番号に○をつけ，金額を記入して下さい．給与形態が複数ある場合は，**最も受取金額の多い給与形態**についてお答え下さい．
　　なお，**働いていない場合は，「6　働いていない」**に○をつけて下さい．

　　1　時間給　　　　　⟶　1時間あたり □ 円

2　日給　　　　　　　→　1日あたり　□　円
   3　月給　　　　　　　→　1ヶ月あたり　□　円
   4　歩合給・その他　　→　1ヶ月平均　□　円
   5　決め方はわからない　→　1ヶ月平均　□　円
   6　働いていない

問13　あなたとあなたの配偶者が，今の会社で働き始めてからどのくらいの期間になりますか．（1ヶ月未満は1ヶ月と数えて下さい）あなた，あなたの配偶者についてそれぞれお答え下さい．なお，働いていない場合は，「6　働いていない」に○をつけて下さい．

　　あなた　□年　□ヶ月　　働いていない
　　配偶者　□年　□ヶ月　　働いていない

問14　去年の同月と比べてあなたとあなたの配偶者それぞれが実際に勤務した労働時間の変化について，あてはまるものに○をつけて下さい．（○はそれぞれ1つ）
　　変化があった場合は，その割合を（　　）内に数字でご記入下さい．

	あなた	配偶者
1　（この1年内で）働き始めた	1	1
2　（この1年内で）辞めた	2	2
3　去年も今年も働いていない	3	3
4　去年も今年も働いている	4	4
	↓	↓
	付問1を お答え下さい	付問2を お答え下さい

【問14であなたが「4　去年も今年も働いている」とお答えの方におたずねします】
（あなたが去年も今年も働いている場合にお答え下さい）
付問1　去年の同月と比べて労働時間はどのくらい変化しましたか．

　↑　1　2割以上増加した　　　3　変わらなかった　　　4　2割未満減少した
　│　2　2割未満増加した　　　　　　　　　　　　　　　5　2割以上減少した　↓

【問14であなたの配偶者が「4　去年も今年も働いている」とお答えの方におたずねします】
(あなたの配偶者が去年も今年も働いている場合にお答え下さい)
付問2　去年の同月と比べて労働時間はどのくらい変化しましたか.

 ↑ 1　2割以上増加した　　3　変わらなかった　　4　2割未満減少した　↓
   2　2割未満増加した　　　　　　　　　　　　　5　2割以上減少した

■あなたが学校卒業後に初めてついた職業についておうかがいします■

問15　あなたが最初に就いた職場での職務(雇用形態)は次のどれですか. あてはまる選択肢の番号に○をつけて下さい.(○は1つ)

  1　常勤の職員・従業者　　3　嘱託　　5　自営業　　　7　その他(　　　)
  2　パート・アルバイト　　4　派遣　　6　家族従業者　8　働いた経験がない
                     ↓
                   8を回答した人は
                   問16へ

【問15で「1～7」を回答した方におたずねします】
付問1　その職場でどのくらいの期間勤務しましたか(していますか). あてはまる選択肢の番号に○をつけて下さい.(○は1つ)

  1　3ヶ月間未満　　　　　3　6ヶ月間～1年間未満　　5　3年間～5年間未満
  2　3ヶ月間～6ヶ月間未満　4　1年間～3年間未満　　　6　5年間以上

【問15で「1～7」を回答した方におたずねします】
付問2　その職場へは学校卒業後いつ頃から勤め始めましたか. あてはまる選択肢の番号に○をつけて下さい.(○は1つ)

  1　すぐに就職(卒業前に内定)　　　3　3ヶ月間～1年間未満くらいしてから
  2　卒業後～3ヶ月間未満くらいしてから　4　1年間以上してから

■家計についておうかがいします■

問16　あなたの去年1年間（平成17年1月～12月）の収入（税引き）はおいくらですか．次の選択肢のうち最も近いものに○をつけて下さい．（○は1つ）財産収入，社会保障給付，臨時収入・副収入（講演料や原稿料，仕送り金，宝くじやパチンコによる儲けなど）も含めてお答え下さい．

1	収入はなかった	6	300～399万円	11	800～899万円
2	100万円未満	7	400～499万円	12	900～999万円
3	100～129万円	8	500～599万円	13	1,000～1,099万円
4	130～199万円	9	600～699万円	14	1,100～1,199万円
5	200～299万円	10	700～799万円	15	1,200万円以上

（約　　　万円）

付問　そのうち賃金収入（自営業の方は事業収入，税引き）はおくらですか．次の選択肢のうち最も近いものに○をつけて下さい．（○は1つ）

1	賃金収入はなかった	6	300～399万円	11	800～899万円
2	100万円未満	7	400～499万円	12	900～999万円
3	100～129万円	8	500～599万円	13	1,000～1,099万円
4	130～199万円	9	600～699万円	14	1,100～1,199万円
5	200～299万円	10	700～799万円	15	1,200万円以上

（約　　　万円）

問17　あなたの配偶者，および同居しているその他の世帯員（両親や子どもなど）の去年1年間（平成17年1月～12月）の合計の年収（税引き）は，次の中のどれに最も近いでしょうか．財産収入，社会保障給付，臨時収入・副収入（講演料や原稿料，仕送り金，宝くじやパチンコによる儲けなど）も含めてお答え下さい．あてはまる選択肢の番号をそれぞれの□内にご記入下さい．

1	収入はなかった	7	500～599万円	13	1,100～1,199万円
2	100万円未満	8	600～699万円	14	1,200～1,299万円
3	100～199万円	9	700～799万円	15	1,300～1,399万円
4	200～299万円	10	800～899万円	16	1,400～1,499万円
5	300～399万円	11	900～999万円	17	1,500～1,599万円
6	400～499万円	12	1,000～1,099万円	18	1,600万円以上

参考資料　家庭生活に関するアンケート調査

(約　　　万円)

配偶者　□　　同居しているその他の世帯員合計　□
　　　　　　　　　　　　　　　　（配偶者をのぞく）

付問　そのうち**賃金収入**（自営業の方は事業収入，税引き）はおくらですか．あてはまる選択肢の番号をそれぞれの□内にご記入下さい．

1	賃金収入はなかった	7	500～599万円	13	1,100～1,199万円
2	100万円未満	8	600～699万円	14	1,200～1,299万円
3	100～199万円	9	700～799万円	15	1,300～1,399万円
4	200～299万円	10	800～899万円	16	1,400～1,499万円
5	300～399万円	11	900～999万円	17	1,500～1,599万円
6	400～499万円	12	1,000～1,099万円	18	1,600万円以上

(約　　　万円)

配偶者　□　　同居しているその他の世帯員合計　□
　　　　　　　　　　　　　　　　（配偶者をのぞく）

問18　昨年（平成17年1月～12月）の①**あなたの収入**，②**配偶者の収入**，③**世帯全体の収入**は，**一昨年**（平成16年1月～12月）と比べて，どう**変化しましたか**．（それぞれ○は1つ）あてはまる選択肢の番号をそれぞれの□内にご記入下さい．

例1：一昨年の収入が300万円，昨年の収入が360万円の場合の計算は以下のようになります．
(360万円 − 300万円) ÷ 300万円 × 100 = 20%（増加）

例2：一昨年の収入が360万円，昨年の収入が288万円の場合の計算は以下のようになります．
(288万円 − 360万円) ÷ 360万円 × 100 = − 20%（減少）
(昨年の年収 − 一昨年の年収) ÷ 一昨年の年収 × 100 = ○%

1	20%以上増加した	5	ほとんど変わらなかった	6	0～5%程度減少した
2	10～20%程度増加した			7	5～10%程度減少した

3　5～10％程度増加した	8　10～20％程度減少した
4　0～5％程度増加した	9　20％以上減少した

①あなたの収入 □　②配偶者の収入 □　③世帯全体の収入 □

付問　あなた方ご夫婦それぞれに，**今年**（平成18年1月～10月），**昨年**（平成17年1月～12月），**一昨年**（平成16年1月～12月）で以下のことが起こりましたか．あてはまるものすべての番号をご記入ください．あてはまる選択肢の番号をそれぞれの□内にご記入下さい．

1	倒産した・解雇された	7	昇進した
2	希望退職した・自発的理由で仕事を辞めた	8	予想しない収入があった（宝くじ・競馬・パチンコなど）
3	定年退職した	9	予想しない収入があった（その他）
4	休職した	10	その他の特別な出来事があった
5	長期療養が必要な重い病気にかかった	11	特別な出来事はなかった
6	事故や災害にあった		

	今年	昨年	一昨年
あなた			
配偶者			

問19　今年（平成18年1月～12月）の①**あなたの収入**，②**配偶者の収入**，③**世帯全体の収入**は，昨年（平成17年1月～12月）と比べて，<u>どう変化すると思いますか</u>．あてはまる選択肢の番号をそれぞれの□内にご記入下さい．

1　20％以上増加する	5　ほとんど変わらない	6　0～5％程度減少する	
2　10～20％程度増加する		7　5～10％程度減少する	
3　5～10％程度増加する		8　10～20％程度減少する	
4　0～5％程度増加する		9　20％以上減少する	

①あなたの収入 ☐　②配偶者の収入 ☐　③世帯全体の収入 ☐

問20　もし，あなたやあなたの配偶者の毎月の収入が3万円増加するとしたら（普段の収入に3万円上乗せ），また臨時収入（宝くじ当選など）として10万円を受け取るとしたら，そのお金を，あなた本人，配偶者，子どものための消費や貯蓄やローン返済などにいくらずつ割り当てると思いますか．この場合，全額をご家庭（同居者全員）の中で使うと仮定してください．☐内に金額をご記入下さい．

あなた本人の収入の場合

		あなたの割り当て分	配偶者の割り当て分	子どもの割り当て分	その他の世帯員の割り当て分	家族共通の割り当て分	計
(1)	あなた本人の収入が3万円増加する場合	円	円	円	円	円	3万円
(2)	あなたが臨時収入（宝くじ当選など）を10万円もらえる場合	円	円	円	円	円	10万円

配偶者の収入の場合

		あなたの割り当て分	配偶者の割り当て分	子どもの割り当て分	その他の世帯員の割り当て分	家族共通の割り当て分	計
(1)	配偶者の収入が3万円増加する場合	円	円	円	円	円	3万円
(2)	配偶者が臨時収入（宝くじ当選など）を10万円もらえる場合	円	円	円	円	円	10万円

問21　給与が振り込まれる銀行の通帳は，主にどなたが管理されていますか．（○は1つ）

1　あなた本人　　　　　4　その他（　　　　　　　　）
2　配偶者　　　　　　　5　給与振り込み用の通帳はない

　　　　3　夫婦で別々に管理している　　6　給与は銀行振り込みではない

問22　貯蓄・金融資産（有価証券など）の管理をおこなっているのは，主にどなたですか．（○は1つ）

　　　1　主にあなたが管理　　3　あなたと配偶者で相談して管理
　　　2　主に配偶者が管理　　4　その他（　　　　　　　　　　）

問23　あなたはへそくりをお持ちですか．（○は1つ）

　　　1　はい　　2　いいえ　→　問24へ
　　　　↓

付問　いくらお持ちですか（数字でご記入下さい）．

　　　☐☐☐☐☐　円

問24　次の各項目について，あなたのご家庭（**同居者全員**）で**先月1カ月間**に支出した額を☐内に記入して下さい（現金を支払ったものの他，クレジット・ローンで購入したもの，銀行・郵便局から自動的に引き落とした分も含みます．また，**支出がなかったものについては0千円**と記入して下さい）．

　　　食費（外食・給食も含みます）　　　　　　　　　　　　　☐万☐千円
　　　家賃・地代・住宅の修繕（住宅ローンの返済は含みません），
　　　電気・ガス・水道（上・下水道）　　　　　　　　　　　　☐万☐千円
　　　衣類・はき物（スーツ，コート，靴，ブーツ，シャツなど）☐万☐千円
　　　医療費（薬代，入院費，診療代，健康食品など）　　　　　☐万☐千円
　　　交通費（ガソリン代，定期代など．旅行以外の交通費を
　　　　　　　含みます．自己負担以外の出費は除きます）　　　☐万☐千円
　　　耐久財（机やタンスなどの家具，冷蔵庫，テレビなどの
　　　　　　　家電の購入費，自動車購入費用など．ただしロ
　　　　　　　ーン返済は含みません）　　　　　　　　　　　　☐万☐千円
　　　通信（郵便，電話代，ネット通信費など）　　　　　　　　☐万☐千円

参考資料　家庭生活に関するアンケート調査　　　　153

教育（授業料，補習塾の月謝，教科書・参考書の購入費など）		万		千円
教養・娯楽・交際（習い事，旅行，飲み会，冠婚葬祭などの費用，書籍，CD／DVD購入費など）		万		千円
本人・配偶者・子どもへの小遣い，子どもへの仕送り		万		千円
親への仕送り，小遣い		万		千円
その他の支出		万		千円
生 活 費 合 計		万		千円

【問24で「衣類・はき物」，「教養・娯楽・交際」についての支出があった方におたずねします】

問25　問24の項目のうち「衣類・はき物」，「教養・娯楽・交際」についての支出の内訳は，どのようになっていますか．それぞれの割合を数字で□内にご記入下さい．

	家族共通分の%	あなたの分の%	配偶者の分の%	子どもの分の%	その他の世帯員の分の%	計
衣類・はき物	%	%	%	%	%	100%
教養・娯楽・交際	%	%	%	%	%	100%

問26　昨年1年間（平成17年1月～12月）のあなたの世帯全体の「生活費の合計」，「衣類・はき物支出」，「教養・娯楽・交際支出」は，一昨年（平成16年1月～12月）と比べて，どう変化しましたか．あてはまる選択肢の番号をそれぞれの□内にご記入下さい．

　　1　20％以上増加した　　　　5　ほとんど　　　　　6　0～5％程度減少した
　　2　10～20％程度増加した　　　　変わらなかった　　7　5～10％程度減少した
　　3　5～10％程度増加した　　　　　　　　　　　　　8　10～20％程度減少した
　　4　0～5％程度増加した　　　　　　　　　　　　　 9　20％以上減少した

　　生活費合計　□　　　衣類・はき物支出　□　　　教養・娯楽・交際支出　□

問27　今年1年間（平成18年1月～12月）のあなたの世帯全体の「生活費の合計」，
　　　「衣類・はき物支出」，「教養・娯楽・交際支出」は，昨年（平成17年1月
　　　～12月）と比べて，どう変化すると思いますか．あてはまる選択肢の番号を
　　　それぞれの□内にご記入下さい．

　　　1　20％以上増加する　　5　ほとんど　　　　6　0～5％程度減少する
　　　2　10～20％程度増加する　　変わらなかった　7　5～10％程度減少する
　　　3　5～10％程度増加する　　　　　　　　　　8　10～20％程度減少する
　　　4　0～5％程度増加する　　　　　　　　　　　9　20％以上減少する

　　　生活費合計　□　　衣類・はき物　□　　教養・娯楽
　　　　　　　　　　　　支出　　　　　　　　交際支出　□

問28　生活費支出の管理をおこなっているのは主にどなたですか．（○は1つ）

　　　1　主にあなたが管理　　　3　あなたと配偶者で相談して管理
　　　2　主に配偶者が管理　　　4　その他（　　　）

■貯蓄と資産についておうかがいします■

問29 あなた方ご夫婦で，金融資産残高（預貯金や有価証券，生命保険）をどのくらいお持ちですか．あてはまる選択肢の番号をそれぞれの□内にご記入下さい．

　　1　125万円未満　　　　5　750～1,000万円未満　　9　3,000～5,000万円未満
　　2　125～250万円未満　　6　1,000～1,500万円未満　10　5,000～1億円未満
　　3　250～500万円未満　　7　1,500～2,000万円未満　11　1億円以上
　　4　500～750万円未満　　8　2,000～3,000万円未満　　　　（約　　　億円）

　　あなた　□　　配偶者　□　　世帯全体　□

問30 昨年（平成17年末）のあなた方ご夫婦の金融資産残高は，一昨年（平成16年末）と比べてどう変化しましたか．あてはまる選択肢の番号をそれぞれの□内にご記入下さい．

　　1　20％以上増加した　　5　ほとんど　　　　　6　0～5％程度減少した
　　2　10～20％程度増加した　　変わらなかった　　7　5～10％程度減少した
　　3　5～10％程度増加した　　　　　　　　　　　8　10～20％程度減少した
　　4　0～5％程度増加した　　　　　　　　　　　9　20％以上減少した

　　あなた　□　　配偶者　□　　世帯全体　□

問31 現在，あなた方ご夫婦の住宅ローン残高はありますか．あてはまる選択肢の番号に○をつけて下さい．（○は1つ）

　　1　住宅ローンはない（→問33へ進んで下さい）

　　2　250万円未満　　　　5　750～1,000万円未満　　8　2,000～3,000万円未満
　　3　250～500万円未満　　6　1,000～1,500万円未満　9　3,000万円以上
　　4　500～750万円未満　　7　1,500～2,000万円未満　　　　（約　　　万円）

【住宅ローン残高がある方（問31で「2～9」をお答えの方）におたずねします】

問32　昨年（平成17年末）のあなた方ご夫婦の**住宅ローン残高**は，一昨年（平成16年末）と比べて，どう変化しましたか．（○は1つ）

　　1　20％以上増加した　　5　ほとんど　　　　6　0～5％程度減少した
　　2　10～20％程度増加した　　変わらなかった　　7　5～10％程度減少した
　　3　5～10％程度増加した　　　　　　　　　　　8　10～20％程度減少した
　　4　0～5％程度増加した　　　　　　　　　　　　9　20％以上減少した

【全員の方におたずねします】
問33　あなた方ご夫婦には，住宅ローン以外のローン残高（自動車ローン・消費者ローン・キャッシングなど）がありますか．あてはまる選択肢の番号に○をつけて下さい．（○は1つ）

　　1　**住宅ローン以外のローン残高はない**（→問35へ進んで下さい）
　　2　50万円未満　　　　　5　200～300万円未満　　8　750～1,000万円未満
　　3　50～100万円未満　　　6　300～500万円未満　　9　1,000万円以上
　　4　100～200万円未満　　　7　500～750万円未満　　　　（約　　　万円）

【住宅ローン以外のローン残高がある方（問33で「2～9」をお答えの方）におたずねします】
問34　昨年（平成17年末）のあなた方ご夫婦の**住宅ローン以外のローン残高**は，一昨年（平成16年末）と比べて，どう変化しましたか．（○は1つ）

　　1　20％以上増加した　　5　ほとんど　　　　6　0～5％程度減少した
　　2　10～20％程度増加した　　変わらなかった　　7　5～10％程度減少した
　　3　5～10％程度増加した　　　　　　　　　　　8　10～20％程度減少した
　　4　0～5％程度増加した　　　　　　　　　　　　9　20％以上減少した

【全員の方におたずねします】
問35　あなた方ご夫婦は，過去3年の間に，借り入れをしたかったのに断られたことがありますか．あてはまる選択肢の番号に○をつけて下さい．（○はいくつでも）

　　1　断られたことがある　　2　認められたが減額されたことがある
　　3　ない

問36　あなた方ご夫婦は，過去3年の間に，借り入れをしたかったのに断られることを見込んで最初からあきらめたことがありますか．いずれかに○をつけて下さい．（○は1つ）

　　　1　最初からあきらめたことがある　　　2　ない

問37　あなた方ご夫婦は，将来，借り入れ申請をした際に，借り入れを断られると思いますか．いずれかに○をつけて下さい．（○は1つ）

　　　1　断られると思う　　　2　断られるとは思わない
　　　3　断られるかどうかはわからない

問38　あなたとあなたの配偶者は，<u>民間の医療保険</u>（医療保険，がん保険，入院保険など）に加入していますか．あてはまる選択肢の番号に○をつけて下さい（それぞれ○は1つずつ）．

	あなた	配偶者
1　加入している	1	1
2　加入していない	2	2

問39　あなたの現在のお住まいは次のどれにあたりますか．あてはまる選択肢の番号に○をつけて下さい．（○は1つ）

　　　1　一戸建て・持ち家（敷地は自己所有・区分所有）
　　　2　一戸建て・持ち家（敷地は借地）
　　　3　持ち家（マンションなどの集合住宅）
　　　4　公団・公社・公営などの賃貸住宅
　　　5　民間の借家または賃貸アパート　　　　→　4～7とお答えの方は
　　　6　社宅・公務員住宅などの給与住宅　　　　　問39付問4へ
　　　7　その他（具体的に　　　　　　　）

【問39で，「1，2，3」とお答えの方におたずねします】
　　付問1　現在お住まいの家は次のうちどれにあてはまりますか．（○は1つ）
　　　　　＊双方の親からの援助で取得した場合は，援助がより多かった方を選んで下さい．

1　あなたの親の家　　　　　　4　あなたの親の援助で取得した家
　　　2　配偶者の親の家　　　　　　5　配偶者の親の援助で取得した家
　　　3　親の援助なしで取得した家　6　その他（　　　　　　　　　）

【問39で「1，2，3」とお答えの方におたずねします】
付問2　現在お住まいの家の延べ床面積はどのくらいですか．
　　　（畳2枚＝1坪＝3.3m^2）

　　　1　19m^{2}以下（6坪弱未満）　4　50〜69m^2(15〜21坪弱)　7　150m^{2}以上
　　　2　20〜29m^2（6〜9坪弱）　 5　70〜99m^2（21〜30坪弱）　　（45坪以上）
　　　3　30〜49m^2（9〜15坪弱）　6　100〜149m^2（30〜45坪弱）

【問39で「1，2，3」とお答えの方におたずねします】
付問3　住宅と敷地を合計して，現在の市場価格（売るとした場合の価格）はおいくらくらいだと思いますか．おおよそで結構ですのでお答え下さい．

　　　合計　☐　億　☐　万円

【全員の方におたずねします】
付問4　この1年間（平成17年10月〜平成18年9月）に，住宅をご購入またはご売却されましたか（○はいくつでも）．

　　　1　購入した　　3　購入も売却もしていない
　　　2　売却した

■あなた（配偶者）のご両親との関係についておうかがいします■

問40　あなたとあなたの配偶者のご両親はご健在ですか．あてはまる選択肢の番号をそれぞれの□内にご記入下さい．

　　　　　　　　　　1　健在　　2　他界

　　　あなた　□　　あなた　□　　配偶者　□　　配偶者　□
　　　の父親　　　　の母親　　　　の父親　　　　の母親

問41　あなたが，ご自身の親や配偶者の親と話す頻度はどのくらいですか．（電話を含みます）あてはまる選択肢の番号をそれぞれの□内にご記入下さい．

　　1　毎日　　　　　4　月に1～2回　　　7　ほとんどない
　　2　週に3～4回　　5　3ヶ月に1～2回　　8　他界している
　　3　週に1～2回　　6　年に1～2回

　　　あなた　□　　あなた　□　　配偶者　□　　配偶者　□
　　　の父親　　　　の母親　　　　の父親　　　　の母親

問42　あなたの親や配偶者の親の昨年1年間（平成17年1月～平成17年12月）の収入の合計額はおおよそいくらぐらいですか．勤め先からの収入，事業収入，社会保障給付などを合計した金額をお答え下さい．あてはまる選択肢の番号をそれぞれの□内にご記入下さい．

　　1　249万円以下　　　4　750～999万円　　　　7　1,500万円以上
　　2　250～499万円　　 5　1,000～1,249万円　　8　両親とも他界
　　3　500～749万円　　 6　1,250～1,499万円

　　　あなたの親　□　　　配偶者の親　□

問43　あなた方ご夫婦は，今後，あなたの親や配偶者の親に経済的援助をするつもりですか．あてはまる選択肢の番号をそれぞれの□内にご記入下さい．

　　1　現在している　　　3　親が望まなくてもする予定　　5　他界している
　　2　親が望むならする予定　4　する予定はない

あなた の父親		あなた の母親		配偶者 の父親		配偶者 の母親	

問44 あなた方ご夫婦は，今後，**あなたの親（配偶者の親）**のお世話（家事，介護，訪問）をするつもりですか．あてはまる選択肢の番号をそれぞれの□内にご記入下さい．

  1 現在している   4 現在していないし，する予定はない
  2 親が望むならする予定 5 他界している
  3 親が望まなくてもする予定

あなた の父親		あなた の母親		配偶者 の父親		配偶者 の母親	

問45 **あなたの親と配偶者の親**が現在お住まいの住居はどれにあたりますか．それぞれあてはまる選択肢の番号に○をつけて下さい．（それぞれ○は1つ）

		あなたの父親	あなたの母親	配偶者の父親	配偶者の母親
1	1戸建て・持ち家 （敷地は自己所有・区分所有）	1	1	1	1
2	2戸建て・持ち家 （敷地は借地）	2	2	2	2
3	マンション・持ち家	3	3	3	3
4	民間の賃貸住宅	4	4	4	4
5	公営・公団・ 公社などの賃貸住宅	5	5	5	5
6	社宅・寮 （借上げ社宅を含む）	6	6	6	6
7	介護施設・有料老人ホーム・ ケア付きの高齢者住宅など	7	7	7	7
8	その他（具体的に　　　　）	8	8	8	8
9	他界している	9	9	9	9

問46 あなたの親と，配偶者の親との居住状況について，次のように分類した場合，それぞれどれにあたりますか．あてはまる選択肢の番号をそれぞれの□内にご記入下さい．

参考資料　家庭生活に関するアンケート調査

```
 ┌ 1  親と同一建物で，生計を共にしている（同居生活）
 ┤ 2  親と同一建物で，生計は別（準同居世帯）
 └ 3  親と同一敷地内の別建物に居住（準同居世帯）
   4  同一町丁内または 1 km 以内に親が居住（近隣地域居住）
   5  （区のある 14 大都市居住者）同一区域内に親が居住
   6  （その他の市部，郡部居住者）同一市町村内に親が居住
 ┌ 7  同一都道府県内に親が居住
 ┤ 8  上記 1～7 以外の地域に親が居住
 └ 9  親は他界している
```

　　14 大都市とは，札幌市，仙台市，千葉市，さいたま市，東京都 23 区，横浜市，川崎市，名古屋市，京都市，大阪市，神戸市，広島市，北九州市，福岡市をさします．

あなた の父親 ☐	あなた の母親 ☐	配偶者 の父親 ☐	配偶者 の母親 ☐

【問 46 で「4～9」（現在，いずれかの親と同居されていない）とお答えの方におたずねします】

　付問　今後，あなたの親・配偶者の親と同居する予定ですか．あてはまる選択肢の番号をそれぞれの☐内にご記入下さい．

　　1　はい　　2　いいえ　　3　同居している

あなた の父親 ☐	あなた の母親 ☐	配偶者 の父親 ☐	配偶者 の母親 ☐

【全員の方におたずねします】

　問47　あなたの親の家と配偶者の親の家のどちらの家の資産（預貯金・有価証券などの金融資産，家・土地などの実物資産）が多いと思いますか．あてはまる選択肢の番号に○をつけて下さい．（○は 1 つ）

　　1　あなたの親　　2　配偶者の親　　3　同じくらい

問48　あなた方ご夫婦は，それぞれの親から家事の手伝いや援助を受けていますか．
　　　（○はいくつでも）

	あなたの父親	あなたの母親	配偶者の父親	配偶者の母親
1 家事の世話（手伝い）をしてもらっている	1	1	1	1
2 子どもの世話をしてもらっている	2	2	2	2
3 生活費の援助をしてもらっている	3	3	3	3
4 住居費を援助してもらった	4	4	4	4
5 その他の援助をしてもらっている	5	5	5	5
6 援助はしてもらっていない	6	6	6	6
7 他界している	7	7	7	7

問49 あなたの親と配偶者の親の健康状態について，あてはまる選択肢の番号をそれぞれ□内にご記入下さい．

  1 健康 3 あまり健康でない 5 要介護状態である
  2 ふつう 4 要介護状態ではないが手助けが必要なときがある 6 ねたきりの状態にある
                         7 他界している

  あなたの父親　□　　あなたの母親　□　　配偶者の父親　□　　配偶者の母親　□

問50 あなた方ご夫婦は，あなた方の親から遺産（預貯金・有価証券などの金融資産，家・土地などの実物資産）をもらったことがありますか．また，今後もらうことを予想していますか．あてはまる選択肢の番号をそれぞれの□内にご記入下さい．

  1 すでに他界しており，遺産をもらった
  2 すでに他界しており，遺産をもらわなかった →問51へお進み下さい
  3 健在であり，遺産をもらうと思う
  4 健在であり，遺産をもらわないと思う →問51へお進み下さい

  あなたの父親　□　　あなたの母親　□　　配偶者の父親　□　　配偶者の母親　□

【問50で，「1　すでに他界しており，遺産をもらった」とお答えになった方におた

ずねします.】

付問 1　すでにもらった遺産の総額はおおよそいくらくらいですか．あてはまる選択肢の番号をそれぞれの□内にご記入下さい．

　　1　250 万円未満　　　　　5　2,000～5,000 万円未満
　　2　250～500 万円未満　　　6　5,000 千万～1 億円未満
　　3　500～1,000 万円未満　　7　1 億円以上（約　　　億円）
　　4　1,000～2,000 万円未満　8　もらっていない

　　あなたの親　□　　　配偶者の親　□

【問 50 で「3　健在であり，遺産をもらえると思う」とお答えになった方におたずねします．】

付問 2　今後もらえると予想している遺産の内容は何ですか．あてはまる選択肢の番号をそれぞれの□内にご記入下さい．

　　1　預貯金，有価証券　　3　金融資産と実物資産の　　5　両親とも他
　　　　などの金融資産だけ　　　どちらとももらえる　　　　界している
　　2　家，土地などの　　　4　金融資産と実物資産の
　　　　実物資産だけ　　　　　どちらとももらえない

　　あなたの親　□　　　配偶者の親　□

【問 50 で「1 または 3」とお答えになった方におたずねします．それ以外の方は問 51 へお進み下さい】

付問 3　以下のことは遺産をもらうことの条件になっていましたか（なっていますか）．あてはまる選択肢の番号をそれぞれの□内にご記入下さい．（複数記入可）

　　1　同居すること　　　　4　介護
　　2　近くに住むこと　　　5　経済的援助
　　3　家事の手伝い　　　　6　家業を継ぐこと

　　あなたの親　□　　　配偶者の親　□

【問 50 で「1 または 3」とお答えになった方におたずねします．それ以外の方は問 51 へお進み下さい】

付問 4　親は遺産をどのように配分しましたか（配分する予定ですか）．
　　　　あてはまる選択肢の番号をそれぞれの□内にご記入下さい．（複数記入可）

1　均等に配分した（する予定である）
2　同居した子に多く，または全部配分した（する予定である）
3　近くに住んでいた子に多く，または全部配分した（する予定である）
4　家事の手伝いをした子に多く，または全部配分した（する予定である）
5　介護をした子に多く，または全部配分した（する予定である）
6　経済的援助をした子に多く，または全部配分した（する予定である）
7　家業を継いだ子に多く，または全部配分した（する予定である）
8　長男・長女が同居したり，近くに住んだり，家事を手伝いをしたり，介護をしたり，経済的援助をしたり，家業を継いだりしなかったのにもかかわらず，長男・長女に多く，または全部配分した（する予定である）
9　所得獲得能力の少ない子に多く，または全部配分した（する予定である）
10　ニーズの多い子に多く，または全部配分した（する予定である）
11　兄弟姉妹がいないため，全部もらった（もらう予定である）
12　遺産を残さなかった（残さない予定である）

あなたの親　[　　]　　配偶者の親　[　　]

■生活意識に関することについておうかがいします■

問51 現在のあなた，あなたの親，配偶者の親の生活水準は，世間一般からみて次のどこに位置すると思いますか．大変恐縮ではありますが，すでに親御さまが他界されている場合は，死亡時の生活水準をご記入ください．1，2，3，4，5の中から，あてはまる選択肢の番号をそれぞれの□内にご記入下さい．

```
    1      2      3      4      5
   低い  やや低い ふつう やや高い 高い
```

あなた □　　あなたの親 □　　配偶者の親 □

問52 あなたは生活全般に満足していますか．（○は1つ）

1 満足　2 どちらかといえば満足　3 どちらともいえない　4 どちらかといえば不満　5 不満

問53 あなたはご自身と配偶者の健康状態について，不安を感じますか．あてはまる選択肢の番号をそれぞれの□内にご記入下さい．

1 かなり感じる　　3 あまり感じない
2 やや感じる　　　4 ほとんど感じない

あなた自身 □　　配偶者 □

問54 あなたの老後の経済的な蓄えとして，公的年金制度は頼りになると思いますか．（○は1つ）

1 やはり公的年金が老後の経済生活（収入）の中心になると思うので，頼りにしている
2 頼りにしたいが，給付される額が現在より低くなりそうで不安だ
3 高齢化が進むので，公的年金の制度そのものが成りゆかなくなるのではないかと心配している
4 公的年金はあてにしていない
5 その他（具体的に　　　　　　　）

問55 あなたとあなたの配偶者，それぞれの勤め先でのお仕事について，賃金，昇進，職場環境などの労働条件の低下に対する不安は感じますか．あてはまる選択肢の番号をそれぞれの□内にご記入下さい．

　　1　かなり感じる　　3　あまり感じない　　5　仕事をしていない
　　2　やや感じる　　　4　ほとんど感じない

　　あなた　□　　配偶者　□

問56 地震や台風などの自然災害に対して，不安を感じることはありますか．あてはまる選択肢の番号に○をつけて下さい．（○は１つ）

　　1　かなり感じる　　3　あまり感じない
　　2　やや感じる　　　4　ほとんど感じない

問57 過去（結婚以降）に，あなたは長期入院の経験がありますか．あてはまる選択肢の番号に○をつけて下さい．（○は１つ）

　　1　１週間以上の入院経験はなし　　　　4　入院の経験はない
　　2　１週間以上１カ月未満の入院経験あり
　　3　１カ月以上の入院経験あり

問58 過去（結婚以降）に，あなたとあなたの配偶者には失業経験がありますか．あてはまる選択肢の番号をそれぞれの□内にご記入下さい．ここでの「失業」とは，働きたいけれど仕事が見つからない状態をさします．

　　1　１ヶ月以上３ヶ月未満の失業経験あり
　　2　３カ月以上の失業経験あり
　　3　１ヶ月以上の失業経験はなし
　　4　結婚以降働いていない

　　あなた自身　□　　配偶者　□

問59 過去（結婚以降）に，地震や台風などの自然災害の被害を受けたことがありますか．あてはまる選択肢の番号に○をつけて下さい．（○は１つ）

1　家屋が全壊・　　2　自然災害が原因で家族　　3　いいえ
　　　　　半壊した　　　　　　の誰かが入院した　　　　　（1・2以外）

問60　過去（結婚以降）に，自己破産をしたことがありますか．あてはまる選択肢の番号に○をつけて下さい．（○は1つ）

　　　1　はい　　　2　いいえ

問61　あなた方ご夫婦がお金に困ったとき，どなたが支援してくれると思いますか．また，選択肢にあげた人々がお金に困ったとき，どなたになら支援したいと思いますか．支援してくれると思う方（支援したいと思う方）に○をつけて下さい．既に他界された，あるいは最初からいらっしゃらない方には「いない」に○をつけて下さい（○はいくつでも）．

		支援してくれる方	支援したい方	いない
1	あなたの親	1	1	1
2	配偶者の親	2	2	2
3	あなたの兄弟・姉妹	3	3	3
4	配偶者の兄弟・姉妹	4	4	4
5	あなたの子ども（第一子）	5	5	5
6	あなたの子ども（第一子以外）	6	6	6
7	1～6以外の親戚	7	7	7
8	あなたの友人	8	8	8
9	公的機関	9	―	―
10	あなたの勤め先	10	―	10
11	あなたの配偶者の勤め先	11	―	11
12	近所の人	12	12	12
13	誰もいない	13	13	―

■生活行動についておうかがいします■

問62　あなたとあなたの配偶者の生活時間についてうかがいます．家事，育児，趣味娯楽の時間として，通常の**平日**，**休日**にそれぞれ合計でおおよそどれくらいの時間費やしていますか．あなたの場合とあなたの配偶者の場合について**一日当たりの平均時間**をお答え下さい（10分単位でご記入下さい）．同時に複数のことをした場合は，主なものについてお答え下さい．

あなたの生活時間（一日当たり平均）
（平日）

家事		時間		分
育児		時間		分
趣味・娯楽		時間		分

あなたの生活時間（一日当たり平均）
（休日）

家事		時間		分
育児		時間		分
趣味・娯楽		時間		分

配偶者の生活時間（一日当たり平均）
（平日）

家事		時間		分
育児		時間		分
趣味・娯楽		時間		分

配偶者の生活時間（一日当たり平均）
（休日）

家事		時間		分
育児		時間		分
趣味・娯楽		時間		分

■お子さんについておうかがいします■

問63　お子さんは何人いらっしゃいますか．また，そのうちすでに学校を卒業しているお子さんは何人いらっしゃいますか．人数をお答え下さい．

　　　　□ 人　→　既に学校を卒業しているお子さんの人数 □ 人

　　　※お子さんはいない「0人」とお答えの方は，調査終了です．

【小学生までのお子さんをお持ちの方におたずねします】
問64　主に，育児をするのはどなたですか．（○は1つ）

　　　1　あなた　　　　　　　　4　配偶者の母親，父親　　　7　保育園・幼稚園

参考資料　家庭生活に関するアンケート調査

2　配偶者　　　　　　　5　ベビーシッター・家政婦　　8　その他
3　あなたの母親，父親　6　近所の人　　　　　　　　　（　　　　　　　）

【お子さんがいらっしゃる全員の方におたずねします】

問65　お子さんに，将来，どこまで教育を受けさせたいですか．お子さんがすでに学校を卒業されている場合は，そのお子さんが15歳のときにどこまで教育を受けさせたいと思っていたかを，また該当するお子さんがいらっしゃらない場合は，「7　いない」に○をつけて下さい．（それぞれ○は1つ）

	第1子	第2子	第3子	第4子	第5子以降
1　大学（6年制）又は大学院まで進学させたい	1	1	1	1	1
2　定評のある大学（4年制）に進学させたい	2	2	2	2	2
3　どこの大学でもよいから，大学（4年制）まで進学させたい	3	3	3	3	3
4　短期大学・高等専門学校まで進学させたい	4	4	4	4	4
5　高校まで進学させたい	5	5	5	5	5
6　本人の希望に任せる	6	6	6	6	6
7　いない	7	7	7	7	7

【お子さんがいらっしゃる全員の方におたずねします】

問66　お子さんが通われている，あるいは通われていた学校の種類をお教えください．転校した場合は最初に入学した学校の種類としてください．（それぞれ○は1つ）

国立または公立学校の場合　→　1　　　私立学校の場合　→　2

	第1子	第2子	第3子	第4子	第5子
幼稚園	1　2	1　2	1　2	1　2	1　2
小学校	1　2	1　2	1　2	1　2	1　2
中学校	1　2	1　2	1　2	1　2	1　2
高校	1　2	1　2	1　2	1　2	1　2
大学・短大	1　2	1　2	1　2	1　2	1　2
大学院	1　2	1　2	1　2	1　2	1　2

問67 お子さんからの支援についておうかがいします．現在，お子さんから，何らかの支援を受け取っていますか．あるいは将来において，何らかの支援があることを期待していますか．（○はいくつでも）

	第1子	第2子	第3子	第4子	第5子以降
1 現在，金銭的な支援を受け取っている（→付問へ）	1	1	1	1	1
2 現在，非金銭的な支援を受け取っている（家事の手伝い，身の回りの世話など）	2	2	2	2	2
3 現在はどちらも受け取っていない	3	3	3	3	3
4 将来，金銭的な支援を期待している（→付問へ）	4	4	4	4	4
5 将来，非金銭的な支援を期待している	5	5	5	5	5
6 どちらもほとんど期待していない	6	6	6	6	6
7 いない	7	7	7	7	7

【問67で「1　現在，金銭的な支援を受け取っている」または「4　将来，金銭的な支援を期待している」と回答された方におたずねします】

付問　月当たり，どのくらいの金額を受け取っていますか，または受け取ることを期待していますか．おおよその金額をお答え下さい．

第1子 [　　　] 円

第2子 [　　　] 円

第3子 [　　　] 円

第4子 [　　　] 円

第5子以降 [　　　] 円

※問67で「1　現在，金銭的な支援を受け取っている」または「4　将来，金銭的な支援を期待している」と回答していない方は問68へお進み下さい．

【お子さんがいらっしゃる全員の方におたずねします】

問68　あなた方ご夫婦はお子さんに残す遺産についてどのようにお考えですか．あてはまる選択肢の番号に○をつけて下さい．

1 いかなる場合でも遺産を残すつもりである
2 子が老後の世話・介護をしてくれた場合にのみ遺産を残すつもりである
3 子が老後において経済的援助をしてくれた場合にのみ遺産を残すつもりである
4 子が家業を継いでくれた場合にのみ遺産を残すつもりである
5 遺産を残したら，子の働く意欲を弱めるから，いかなる場合でも遺産を残すつもりはない
6 自分の財産は自分で使いたいから，いかなる場合でも遺産を残すつもりはない

【問68で「1～4」を回答した方は，付問1へお進み下さい．それ以外の方は調査終了です．】

【問68で「1～4」を選択した方は，付問1と付問2をお答え下さい】

付問1　お子さんに残すつもりの遺産の内容は何ですか．（○は1つだけ）

1　預貯金，有価証券などの金融資産　　3　金融資産と実物資産のどちらとも
2　家，土地などの実物資産

付問2　遺産の配分方法をお知らせ下さい．あてはまる選択肢の番号に○をつけて下さい．（○はいくつでも）

1　均等に配分するつもりである
2　同居してくれた子に多く，または全部配分するつもりである
3　近くに住んでくれた子に多く，または全部配分するつもりである
4　家事の手伝いをしてくれた子に多く，または全部配分するつもりである
5　介護をしてくれた子に多く，または全部配分するつもりである
6　経済的援助をしてくれた子に多く，または全部配分するつもりである
7　家業を継いでくれた子に多く，または全部配分するつもりである
8　長男・長女が同居したり，近くに住んだり，家事を手伝いをしたり，介護をしたり，経済的援助をしたり，家業を継いだりしてくれなかったとしても，長男・長女に多く，または全部配分するつもりである
9　所得獲得能力の少ない子に多く，または全部配分するつもりである
10　ニーズの多い子に多く，または全部配分するつもりである
11　子は一人しかいないので配分の問題は生じない

＊大変長い間，ご協力ありがとうございました＊

＊紙面構成上，質問票の原票通りの表示と異なるため，設問がページをまたいだり，見にくい点などがございますが，ご容赦頂きたくお願い申し上げます（ミネルヴァ書房編集担当）．

あとがき

　本書は，財団法人家計経済研究所が 2005～2007 年度に行ってきた『世帯内分配・世代間移転に関する研究』プロジェクトの成果である．

　家計経済研究所は，1986 年 7 月 18 日に内閣府総理大臣（主務官庁：経済企画庁（現在は内閣府））の許可を受けて設立された．本研究所は，家計や生活がさまざまな社会の変化によってどのような影響を受け，それに対してどのような対応をしているかについて，生活者の視点に立って調査研究を進めるという理念にしたがって，調査研究，研究誌の刊行，講演会の開催および研究助成の 4 つの活動を続けている．

　本研究所では，設立当初から，家計行動に関する研究のために，調査の実施，およびそれを活用した研究を行っている．現在その柱となっているのが，1993 年より継続実施している『消費生活に関するパネル調査』である．毎年同じ調査対象者を追跡調査し，家計に関する調査・分析を行い，毎年の報告書や，その他の書物（『パネルデータからみた現代女性』東洋経済新報社，『女性たちの平成不況』日本経済新聞社）のかたちで，成果が発表されている．

　本プロジェクトは，家計経済研究所のこれまでの調査の経験を生かしながら，一つの新しい試みを行っている．それは，「世帯内分配」，「世代間移転」という 2 つの側面から，家計行動を捉えるという点である．前者は，世帯内における消費・余暇時間の配分が，世帯構成員間の交渉によって規定されているかどうかについて，後者は，教育投資ならびに遺産・生前贈与を通じた世代間の所得移転がどのような要因によって決定されているかについて検証している．

　本プロジェクトは多くの人々や団体のご厚意と協力の上に成り立っている．『世帯内分配・世代間移転に関する研究』調査に協力して下さった回答者の皆様，そして，調査設計から研究成果のとりまとめに至るまで，熱心にプロジェクトにご参加下さった，チャールズ・ユウジ・ホリオカ大阪大学教授をはじめとする研究者各位に，心から感謝申し上げる．さらに，当研究所の調査・研究

活動を長年にわたり，資金面から支えて下さっているアコム（株）のご理解とご厚情に深く感謝したい．

　本書の研究成果が，読者の真摯なご批判を通じて，新しい家計研究の発展の一助となることを期待する．

2008 年 10 月

財団法人　家計経済研究所

会長　塩野谷祐一

索　引

欧文

Collective Model　3, 21, 35, 49, 51, 52, 70, 73, 77, 88
Distribution Factor
　Dependent Unitary Model　77
Distribution Factors　23, 24, 36, 37, 54, 77
Quantity-Quality Model　104
Seemingly Unrelated
　Regression Estimation　39
Unitary Model　49, 51, 73, 77, 87, 88
Zero Expenditure 問題　38

ア行

遺産動機　120, 125
遺産の分配方法　123, 128
異時点間代替弾性値　36
一時的所得　79
援助行動　132
オイラー方程式　54
王朝モデル　120
親子間の相関　130
親の豊かさ　60, 67

カ行

介護　132
家業　120
学歴格差　97
家事　132
学校外学習　94
完備保険　73
教育投資　93, 94, 103, 104, 109, 115
経済的援助　132
恒常所得　79
交渉の外部機会　51
交渉力　51

公立学校　94

サ行

資金借入　75
自己保険　74
実験　73
社会的厚生関数　76
社団法人輿論科学協会　8
奨学金　93, 114
少子化　114
消費の平準化仮説　48, 56, 67
消費リスクシェアリング　73, 87
所得格差　93
所得プーリング仮説　23, 73
私立学校　94, 96, 98-101, 104, 112-115
人的資本　93, 115
人的資本論　93
世帯間リスクシェアリング　85
世帯内・世代間調査　7
世帯内リスクシェアリング　73, 76, 88
世話　132
送金　75
相互保険　74

タ行

ダブル・シフト　23
等間隔抽出法　8
同居　132

ハ行

パレートウェイト　36, 54, 55
訪問　132

ヤ行

予備的貯蓄　75

ラ行

ライフ・サイクル・モデル　119
利己主義　119
離婚時の利得　60
リスク　74

リスクシェアリング　77, 83
リスク対処戦略　74
利他主義　74, 76, 84
利他主義モデル　120
流動性制約　85, 86, 103, 104

《執筆者紹介（アイウエオ順）》

小原　美紀（こはら　みき）
1972 年生まれ．大阪大学大学院経済学研究科博士後期課程修了博士（経済学），現在，大阪大学大学院国際公共政策研究科准教授．
主著，"Is the Full-Time Housewife a Symbol of a Wealthy Family ?" *The Japanese Economy*, 34(4) 2007, 25-56「失業の増加と不平等の拡大」『日本経済研究』55, 2006, 22-42.（共著）．

坂本　和靖（さかもと　かずやす）
1974 年生まれ．一橋大学大学院経済研究科博士後期課程単位取得退学，現在，財団法人家計経済研究所研究員．
主著，"Marriage Behavior from the Perspective of Intergenerational Relationships" *The Japanese Economy*, 34(4) 2007, 76-122（共著），「妻の再就職と夫婦間の時間・支出配分／主観的厚生への影響——パネルデータの国際比較」『季刊家計経済研究』77, 2008, 39-51．

澤田　康幸（さわだ　やすゆき）
1967 年生まれ．スタンフォード大学経済学部 Ph. D.，現在，東京大学大学院経済学研究准教授．
主著，"Obstacles to School Progression in Rural Pakistan : An Analysis of Gender and Sibling Rivalry Using Field Survey Data," 2008, forthcoming, *Journal of Development Economics*（共著），"How Do People Cope With Natural Disasters ? Evidence from the Great Hanshin-Awaji (Kobe) Earthquake," *Journal of Money, Credit, and Banking* 40 (2-3), 2008, 463-488（共著）．

北條　雅一（ほうじょう　まさかず）
1977 年年生まれ．大阪大学大学院国際公共政策研究科博士後期課程中途退学博士（国際公共政策），現在，新潟大学経済学部准教授
主著，"An Indirect Effect of Education on Growth," *Economics Letters*, 80(1), 2003, 31-34.,「日本の教育の不平等——教育ジニ係数による計測」『日本経済研究』（近刊）．

《編者紹介》

チャールズ・ユウジ・ホリオカ

 1956年 生まれ
    ハーバード大学経営経済学 Ph. D.
 現　在 大阪大学社会経済研究所教授
 主　著 『高齢化社会の貯蓄と遺産・相続』（日本評論社）（共編著）
    『日米家計の貯蓄行動』（日本評論社）（共編著）

財団法人　家計経済研究所

 1986年に内閣総理大臣（主務官庁：経済企画庁（現在は内閣府））の許可を受けて設立された研究機関（特定公益増進法人）。さまざまな面で発展する社会の変化によって，家計や生活がどのような影響を受け，それに対してどのように対応しているかについて，生活者の視点に立って調査研究を進めている。
 所在地　〒102-0093　東京都千代田区平河町1-3-13　菱進平河町ビル6階
    http://www.kakeiken.or.jp/

世帯内分配と世代間移転の経済分析

2008年10月25日　初版第1刷発行　　　　　　　　検印廃止

定価はカバーに表示しています

編　者	チャールズ・ユウジ・ホリオカ 財団法人家計経済研究所
発行者	杉田　啓三
印刷者	林　初彦

発行所　株式会社　ミネルヴァ書房
607-8494　京都市山科区日ノ岡堤谷町1
電話代表　(075)581-5191番
振替口座　01020-0-8076番

©チャールズ・ユウジ・ホリオカ・財団法人家計経済研究所，2008　太洋社

ISBN978-4-623-05227-1
Printed in Japan

家計研究へのアプローチ

──御船美智子／財団法人 家計経済研究所 編著　A5判上製カバー　269頁　定価4725円

家計調査の理論と方法　実践的知識とデータ分析の方法を示し，家計調査の面白さと重要性を伝える。

Stata で計量経済学入門

──筒井淳也／平井裕久／秋吉美都／水落正明／坂本和靖／福田亘孝 著　A5判美装カバー　210頁　定価2940円

パネルデータ分析，サバイバル分析などの分析を容易に行う Stata を通して計量経済学を学ぶ。

ミクロ経済学

──林貴志 著　A5判美装カバー　305頁　定価2940円

個人の意思決定・市場理論から，初歩的なゲーム理論・社会的選択までを明解な数学モデルで詳しく解説する。

MINERVA TEXT LIBRARY

統計学へのアプローチ

──岩井　浩／藤岡光夫／良永康平 編著　A5上製カバー　372頁　定価3990円

情報化時代の統計利用　身近な統計と簡単なコンピュータ操作で統計学の面白さへと誘うユニークな入門書。

社会調査へのアプローチ ［第 2 版］

──大谷信介／木下栄二／後藤範章／小松　洋／永野　武 編著　A5美装カバー　388頁　定価2625円

論理と方法　社会調査士資格も視野に入れ，最新の調査事情に即した内容に，より詳しく，わかりやすく改訂。

───ミネルヴァ書房───

http://www.minervasyobo.co.jp/